新金融新变革

互联网金融背景下
中国商业银行竞争研究

NEW FINANCIAL
NEW CHANGES

范大路　傅春乔　范诗洋　武安华◎著

中国经济出版社
CHINA ECONOMIC PUBLISHING HOUSE
·北京·

图书在版编目（CIP）数据

新金融　新变革：互联网金融背景下中国商业银行竞争研究/ 范大路，傅春乔，范诗洋，武安华著.

北京：中国经济出版社，2016. 9

ISBN 978 - 7 - 5136 - 4348 - 1

Ⅰ. ①新… Ⅱ. ①范…②傅…③范…④武… Ⅲ. ①商业银行—市场竞争—研究—中国 Ⅳ. ①F832. 33

中国版本图书馆 CIP 数据核字（2016）第 194415 号

责任编辑　杨　莹　郑潇伟
责任审读　贺　静
责任印制　巢新强
封面设计　任燕飞

出版发行　中国经济出版社
印 刷 者　北京九州迅驰传媒文化有限公司
经 销 者　各地新华书店
开　　本　710mm × 1000mm　1/16
印　　张　14
字　　数　189 千字
版　　次　2016 年 9 月第 1 版
印　　次　2017 年 5 月第 2 次
定　　价　48. 00 元
广告经营许可证　京西工商广字第 8179 号

中国经济出版社 **网址** www. economyph. com **社址** 北京市西城区百万庄北街 3 号 **邮编** 100037

本版图书如存在印装质量问题，请与本社发行中心联系调换（联系电话：010 - 68330607）

序一

与大路认识已有经年，初次见面时，他沉稳的性格、深邃的思考与儒雅的谈吐，给我留下了深刻的印象。自那以后，我们的交往多了起来，我对他也有了更深刻地了解。他从大学毕业后，又读硕士、博士直到进入北京大学博士后流动站，一边教学工作，一边从事研究。而且，他也是河南省引进的第一批博士人才，也曾在高校从事教学，可以说是一位学者型、研究型的银行高管。还有，20世纪60年代初，同时从北京农业大学毕业的父母，一辈子在省农科院从事研究工作，这种由小及大的耳濡墨染，对他的理想追求风格影响至深。

大路把工作与研究结合起来，从工作中找课题，以研究成果指导工作。郑州银行在2013年就申请建立了博士后科研工作站，当时，金融改革进入攻坚破难阶段，利率市场化、汇率市场化、重新对内对外开放等方面的全面推进，给郑州银行这样的地方银行带来了挑战，大路亲自带着博士后们开始了一个个的课题研究。这些成果给郑州银行的未来发展铺平了道路。

互联网金融是当前热门话题。研究互联网金融的文章、书籍不胜枚举，研究互联网金融与商业银行关系的论述也层出不穷。大路抓住了这一课题，以新的视角，思考互联网金融与商业银行之间的竞合机理，提出了新金融、新变革，互联网金融背景下的商业银行竞争策略。这对于商业银行转型发展，具有一定的借鉴意义。

互联网金融本质上仍是金融，这点毋庸置疑。互联网金融技术主要包括大数据、搜索引擎、云计算、移动互联和物联网，借助于这些技术，传统金融在功能实现路径上不同于以往，诸如支付、结算、融资等在实践形式上都发生了极大改变，这种改变得以实现的深层次原因是，互联网和金融在功能（基因）上是耦合的，这种天然的耦合性使得互联网和金融的结合成为可能。

互联网金融迅速发展崛起，对日常生活产生重大影响，在效率和成本方面对以商业银行为代表的传统金融构成重大挑战和竞争。互联网金融降低信息不对称程度，降低交易成本，支付快捷高效；商业银行和投资银行的等传统金融机构的中介作用下降。互联网金融逐渐涉足商业银行的传统核心业务，给商业银行带来猛烈冲击和生存危机感。

面对互联网金融的冲击，商业银行正在以积极姿态应对，并不断融合互联网。商业银行在强化传统电子银行优势的基础上，积极介入互联网金融领域。主要表现为：开展直销银行、进行渠道创新、业务融入互联网等。商业银行继续加大互联网金融的投入和创新力度，银行系互联网金融产品和业务种类日益丰富，不仅仅局限于支付、结算等基础银行业务的互联网化，更是涉及小微信贷、供应链金融等各项业务。同时，商业银行进一步提升信息化水平，加强业务集中处理能力，实现规模化、标准化的作业模式，最终达到经营管理的全面集中和集约，有效降低生产运营成本，控制经营风险。商业银行银行将持续推进数据平台建设，将银行内部各管理系统按照统一的信息技术架构全部整合到一个系统管理平台，实现各系统互联互通，实现数据集中、整合、共享、挖掘，提升业务管理水平和客户管理水平。

商业银行正对原有的传统业务流程进行优化和改造，以打造与时俱进的经营模式，这要求银行加强对于相关技术、设施以及人力等方面的投资，这使银行面临较大的经营成本方面的压力。

我国互联网金融具有显著的积极作用，但是金融创新也必须遵守金融监管的基本原则，也必须时时管控和防范金融风险，必须坚持金融服务实体经济、服从宏观调控和金融稳定的基本立场，包括切实维护消费者的合法权益、维护公平竞争的市场秩序、处理好政府监管和自律管理的关系，充分发挥行业自律的作用。

以上这些内容，在本书中均有所涉及。可以说，本书的内容还是非常翔实。尤其在经济新常态、供给侧改革背景下，商业银行转型发展尤为重要。期待本书的出版能为我国商业银行向前迈进贡献一份力量。

中国人民银行原副行长

中国金融会计学学会会长

马德伦

2016 年 7 月 5 日

序 二

有关互联网金融的讨论，近年来的会议之多，言论之多，文章之多，很难用一个词来形容。本书推演了互联网金融与商业银行之间的竞合机理，是研究互联网金融与商业银行关系的创新，具有一定的重要意义。

早在2005年，我就对互联网金融进行了关注。《银行业的未来》一书开篇就有一句话，叫做“互联网让零售银行家们彻夜难眠”，当时还没有叫互联网金融。2009年，我在《金融时报》发表过一篇文章，叫做“中国银行业的网络化生产”。但是那个时候没有引起讨论，没有得到应有的关注。

我觉得最近以来关于互联网金融的讨论有两个极端，一个极端就是认为互联网不过是一种技术、一个渠道、一个平台而已，所以对它的重视不是很够。另一个极端又把互联网说的好像是无所不能。我的观点是：对互联网金融的深远影响不可低估，不应该过于夸大互联网金融的功能，互联网与金融的融合不可偏颇偏废，对与互联网金融相关的新风险不可掉以轻心。这些观点，在本书中都有所体现。

互联网金融对传统金融的影响和变革表现在以下几个方面。一是互联网金融面对客户的服务网点是虚拟的网络，技术的进入及手机的普遍使用，使客户倾向于在虚拟网络和传统商业银行的物理网点之间，选择适合自己的服务终端，接触和服务客户的渠道逐步虚拟化，以上这些因素都迫使金融机构实现互联网化。二是互联网技术的智能性和精准性对传统金融由大体量带来的高利润空间构成重大威胁。互联网金融的普惠性体现在其服务对象和业务范围没有特定边界，互联网金融在平台开放和交互式营销方面更注重客户的体验，公众可以获得更高效快捷的服务。三是电子商务环境的改善和提高，支付场景的多元化以及金融创新的不断加强使互联网第三方支付快速增长。互联网技术的发展改变了公众依赖商业银行实现债权债务清偿过程中时间和空间上的限制，对商业银行的中介服务有冲击。

商业银行融入互联网发展是不可逆转的。多数商业银行已经意识到一定要运用先进的技术推动其传统业务发展的重要性。比如：业务产品的创新，业务流程的改善，业务服务的提升等。商业银行在采用先进技术时是最为迅速、最为积极的，这从商业银行发展历程就可以看出。当前的互联网技术也会融入商业银行这个体系，并不断推动商业银行业务的转型发展。

商业银行充分利用互联网技术平台，或将造就新的金融业态。这将改变传统的融资模式，或将衍生既不同于传统间接融资，也不同于传统直接融资的全新融资模式，姑且称其为“互联网融资模式”。与此同时，互联网融资模式将增进其与客户之间的了解、理解与良性互动，形成新的金融业客服关系及商业模式，进而造就新的金融业态。互联网金融是一个大方圆，是不言而喻的。这个大方圆，正由传统金融体系与互联网体系从两个方向相向发展形成，前者采用互联网技术与精神做金融，后者凭借互联网技术与精神做金融，两者相向发展形成日益增大的交集，是为互联网金融大方圆。所以，倘若没有作为我国金融主体的银行业与互联网广泛而深入的合作，互联网金融之大方圆是根本不可能的。

总之，更好服务于实体经济与社会大众、更安全稳健运行的互联网金融这个大方圆，有待银行业与互联网两者广泛而深入的合作，有待银行业之金融基因与非银行支付之互联网基因的融合。

本书基于新机遇、新变革，互联网金融背景下，探讨互联网金融的实质，分析互联网金融的主要模式、互联网金融推动者商业银行转型、变革与发展，并从促进商业银行稳健发展的角度提出了商业银行应对互联网及融入互联网的策略，这对商业银行转型发展具有重要的现实意义。

是为序。

中国银行业协会专职副会长

杨再平

前　言

当本书即将出版之际，我内心充满期待与忐忑。

作为一位城商行管理人员，我深切体会到互联网金融对商业银行的冲击、挑战与推动作用，也切身感受到互联网金融的便利性、低成本性及贴近客户体验的特点。之所以会关注并研究互联网金融，一方面是工作的需要，另一方面也是对理论研究比较感兴趣。经过近几年的思考，逐渐将这些研究成果进行汇总并整理成书出版，这也是我主持的河南省哲学社会科学规划项目（2015BJJ012）《互联网发展与金融模式创新问题研究》的部分成果，很期待本书的出版能为商业银行融入互联网发出一点声音，贡献一份热量。忐忑的是自身的研究水平还存在不足，全书的观点还有些缺乏考证，仍需要我们的努力与坚持。

在这里，我首先要感谢中国人民银行原副行长、中国金融会计学会会长马德伦先生。马行长退休以后，一直笔耕不辍，常为银行业发展献言献策，感谢他为本书提供了高屋建瓴的意见，亲自为本书作序；感谢中国银行业协会专职副会长杨再平博士，杨会长对互联网金融具有独到研究，为本书的撰写提出了一些鲜明的观点，并为本书作序；感谢郑州银行王天宇董事长、申学清行长以及全体同仁这些年来对我的支持、帮助、理解和宽容；感谢中国经济出版社财金分社的杨莹社长，她为本书的编辑、校对及出版做出了大量工作。

这本书是我们课题组集体智慧的成果，由我设计研究方向与课题思路，并撰写第1、2、3章；傅春乔收集资料并撰写第4、5章，范诗洋负责拟定提纲、提出观点，并撰写第6、7、8、9章；武安华负责最后的书稿整理，并撰写第10、11、12、13章。

本书虽经多次修改，但由于自身学术水平有限，缺点和错误在所难免，真诚欢迎各位领导、专家学者和社会各界读者朋友们不吝赐教、批评指正。

范大路

2016年7月17日

目　录

1 绪 论

1.1 研究背景与意义

1.1.1 研究背景

互联网金融本质上仍然是金融，只是借助互联网的手段，实现与传统金融的有机结合，是一种新型的金融方式。同时，借助该方式实现资金融通、交易支付及交易结算等。互联网金融实际是采用互联网技术开展的金融活动，是一种新金融业态，如借助互联网技术的金融市场、金融服务、金融产品及互联网金融监管等。互联网金融具有比较鲜明的特点，如注重客户体验、低成本、高效率、普惠性等。当前的互联网金融主要包括两大体系：一是传统金融机构互联网金融，主要为传统金融业务融入互联网，如理财业务、电子银行业务等；二是非金融机构互联网金融，主要是一些互联网企业运用其技术从事一些金融业务，如支付中介、缴费业务、互联网借贷等。

我国互联网金融虽然起步较晚，但在相对宽松的监管环境下取得了快速发展。2014 年，互联网金融第一次在政府工作报告中被提到，并明确指出：要促进互联网金融健康发展，完善金融监管协调机制。这充分表明我国政府对互联网金融这一新生金融业态的高度关注。

互联网金融的出现，对我国现有的金融体系产生了重要影响，推动了普惠金融的发展，加速了利率市场化进程。互联网企业凭借其大数据、云计算技术，逐步涉足金融行业，尤其是传统金融机构不愿意或难以从事的业务，并依据其自身先进理念、技术进行创新，使得传统金融的功能发生了明显变化和进步。也就是说，互联网金融促进了传统金融功能的拓展，优化了其业务流程等。在支付方面，互联网金融支付更为便捷、效率更高、且成本更低；在融资方面，借贷双方信息更加对称、办理手续更简单快捷；在金融服务方面，发挥了普惠金融的作用，覆盖了传统金融难以覆盖的群体，如偏远地区、贫困地区人口。随着云计算、大数据、社交网络、搜索引擎等网络技术的发展，以非银支付、P2P、众筹等为代表的互联网金融竞争模式在市场上大量出现，给人们带来了实实在在的收益。

互联网金融推动商业银行转型发展，甚至变革。互联网金融爆发式的发展与新常态下商业银行举步维艰的发展形成鲜明对比。以“金融线上化”为代表的互联网金融模式蓬勃发展，大有颠覆传统金融模式的趋势，商业银行的传统经营模式和中介服务地位受到极大冲击，一场深刻的行业变革正在发生。互联网金融给传统金融带来了许多冲击，但是，这些冲击是有助于推动传统金融行业和产业不断升级和提升。互联网金融在理念、功能和模式上对商业银行具有很大的推动力。在新的竞争形势下，商业银行正不断推进业务、流程等方面互联网化，不断融入互联网，提供更为贴近客户的金融服务。

互联网金融为商业银行带来了挑战。当前，互联网金融快速发展，其业务涉及领域越来越多，在部分领域已经完全能够替代商业银行。互联网金融理财产品的高收益，正在不断分流银行存款。2013 年，余额宝诞生，其高达 6% 的年收益率立即吸引了大众的眼球，并聚集了规模庞大的资金，拉开了互联网理财的帷幕。2014 年，货币基金市场出现爆发式的增长。这虽然提高了普通老百姓的资金收益，但是对商业银行形成了压力。互联网金融正不断吸纳客户存款，造成商业银行存款分流的同时，必然抬高其负债成本，负债成本的上升不但体现在存款领域，还体现在同业领域。互联网金融的发展还深刻影响着商业银行的客户群体，越来越多客户喜欢通过互联网渠道来办理业务，比如：缴费、转账等。

1.1.2 研究意义

互联网企业凭借其自身优势，不断向金融业渗透，其便捷性、低成本性及贴近客户等特点逐渐吸引大量的客户群体。尤其是互联网企业理财业务的推广，明显冲击了商业银行的存款业务。对于以“存款立行”的商业银行来说，吸收存款面临着严重挑战，这也引起人们对商业银行如何发展的担忧。互联网金融时刻在给商业银行带来压力，那么，它对商业银行而言是颠覆性的产物吗？能够撼动商业银行的地位吗？商业银行该如何应对呢？这些问题的研究都具有很重要的理论与现实意义。

商业银行融入互联网发展是不可逆转的。多数商业银行已经意识到，一定要运用先进的技术推动其传统业务发展的重要性。比如：业务产品的创新，业务流程的改善，业务服务的提升等。从商业银行发展历程就可以看出，在采用先进技术时，商业银行是最为迅速、最为积极的。当前的互联网技术也会融入商业银行这个体系，并不断推动商业银行业务的转型发展。

本书基于新金融新变革——互联网金融背景下，探讨互联网金融的实质，分析互联网金融的主要模式，互联网金融的推动者商业银行转型、变革与发展，并从促进商业银行稳健发展的角度，提出商业银行应对互联网及融入互联网的策略，这对商业银行的转型发展具有重要的现实意义。

1.2 研究思路与研究方法

1.2.1 研究思路

本书基于新金融新改革——互联网金融背景下，探讨商业银行转型发展问题。首先，对互联网的内涵进行明确界定，深入剖析其特点；其次，总结分析互联网金融的发展模式，以及国内外互联网金融的发展情况；再次，分析互联网金融与商业银行竞合机理，两者互联竞争互相融合；然后，分析在互联网金融背景下，商业银行发展互联网的优势等；最后，提出互联网金融背景下的商业银行竞争策略。

1.2.2 研究方法

第一，定性分析和定量分析相结合。对互联网金融的内涵与特点等进行介绍时，多使用定性分析；对互联网金融发展现状进行分析时，多采用定量分析，采用了和讯网、艾瑞咨询、易观智库等提供的大量数据信息。

第二，比较分析法。分析互联网金融与商业银行服务的竞争时，采用比较分析，并从时间、空间、政策、法律环境等多方面进行比较。

1.3 文献综述

近年来，国内外对互联网金融研究较多，尤其是在我国，掀起一股互联网金融研究的热潮。主要研究方向包括：互联网金融的本质，互联网金融与金融互联网等。

1.3.1 互联网金融内涵

当前，业界和学术界对互联网金融尚无明确的、获得广泛认可的定义，但对互联网支付、P2P 网贷、众筹融资等典型业态分类有比较统一的认识。一般而言，互联网金融是指依托于在线支付、云计算、社交网络以及搜索引擎、APP 等互联网工具，实现资金融通、支付和信息中介等业务的一种新兴金融；互联网金融并不是互联网与金融业的简单结合，是互联网精神与传统金融业融合产生的新兴业态，新兴模式。① 其具有广义与狭义之分。从狭义上讲，互联网金融单指互联网企业从事的金融业务。从广义上讲，互联网金融既包括非金融机构的互联网企业从事的金融业务，也包括传统金融机构利用互联网开展的业务。

现有的理论研究中对互联网金融的定义有着不同的论述和侧重点。

2012 年，谢平在“金融四十人论坛年会”首先提出了“互联网金融”的概念，并在其著作《互联网金融手册》中进一步解释和明确。他指出“互联网金融是一个谱系的概念，涵盖因为互联网技术和互联网精神的影响，从商业银行、证券、保险、交易所等金融中介和市场，到瓦尔拉斯一般均衡对应的无金融中介或市场情形之间的所有金融交易和组织形式”。②

杨群华（2013）认为，互联网金融是依托互联网提供的金融服务与金融产品所形成的虚拟金融市场。

周华（2013）认为，互联网金融是通过互联网、移动互联网等工具，加入传统金融业务过程的一种混合金融。

宫晓林（2013）认为，互联网金融是一种具有支付、融资和交易中介等功能的、运用现代信息技术进行的金融活动；互联网金融具有缓解金融

---

① 金声．解析央行报告——首论互联网金融［J］．中国城市金融，2014（06）．

② 谢平，邹传伟，刘海二．互联网金融手册［J］．中国人民大学出版社，2014，4．

排斥、降低信息不对称、资源配置去中介化的特征，从而使其具有平台、支付、资源配置、信息搜集和处理的功能。①

张坤（2014）认为，互联网金融是金融活动依托于互联网平台，提供更方便、快捷服务的一种新的金融业态。

但是，也有学者对互联网金融并不认可，提出了不同的意见。

戴险峰（2014）认为，互联网金融是一个似是而非的概念，是个伪命题；互联网的本质是技术，其作为技术的普遍适用性，会对传统金融产生巨大的冲击，但是并不能将其作为一种新的金融形态，它只是一种技术手段。②

林采宜（2015）认为，互联网金融只是金融服务的提供与获取方式发生的改变，是直接融资和间接融资在互联网维度的延伸，而非直接融资和间接融资之外的第三种金融模式。③

基于以上理论分析，互联网金融的定义可以划分为两类不同的论述倾向，一方面，将互联网金融定义为金融交易的渠道和中介发生变化，由此，导致金融业的业务流程和运行方式随之做出调整，但是，金融业整体的运行模式和盈利方式并没有随之改变，对社会经济的运行产生的影响是局部和片面的。另一方面也有论述认为，互联网金融的出现对社会经济产生的影响远非交易渠道和交易手段发生改变如此简单，从更深层上说，互联网金融的出现改变了原有的金融资源配置和金融利益划分的方式，改变了原有的社会经济运行和干预方式，导致原有的金融模式和金融企业的运行方式发生了根本性的变化，乃至对宏观经济的运行方式都造成了颠覆性的改变。

本书对互联网金融的概念界定是互联网金融的狭义概念，一般仅指非

① 宫晓林．互联网下的新金融形势［J］．中国金融，2013（24）．

② 戴险峰．互联网金融真伪［J］．《财经》，2014，3．

③ 林采宜．互联网金融本质是金融而非互联网［J］．网易财经，2015，8．

银机构从事的互联网金融业务。借助于互联网渠道，商业银行表现出一些新的特点，比如：支付更加便捷；交易成本更低；市场的信息不对称程度降低；金融交易、股票的发行和交易都直接在网上进行，去掉相关中间环节，使得市场变的更有效率。

互联网金融本质上仍然是金融。互联网金融技术主要包括大数据、搜索引擎、云计算、移动互联和物联网，借助于这些技术，传统金融在功能实现路径上不同于以往，诸如支付、结算、融资等在实践形式上都有极大地改变，这种改变得以实现的深层次原因是，“互联网和金融在功能（基因）上是耦合的，这种天然的耦合性使得互联网和金融的结合成为可能”。①

1.3.2 “金融互联网”

“金融互联网”，是指金融机构将全部或者部分传统业务，从线下向线上转移，是一种金融创新。目前在中国，主要存在八种金融互联网模式。一是商业银行提供的“网上银行”服务，传统的存款、取款等业务都可以通过互联网操作来实现；二是网络银行，也称“虚拟银行”，指以计算机服务器为主体，没有实际交易网点和柜台作为业务支持的虚拟银行，所有服务都必须通过互联网才能实现，这种模式具有部分互联网金融模式的特征，但仍然属于“金融互联网”的范畴；三是券商集成平台，平台提供咨询服务，如需证券交易，需利用平台软件同具体证券公司连通；四是证券公司提供互联网上的证券业务；五是保险公司提供互联网上的保险业务，总体来说我国保险业务的互联网化水平不高；六是网络保险公司，1997 年在日本，出现由美国家庭人寿保险公司和日本电信共同设立，首家完全通过互联网推销保险业务的公司，目前中国还没有完全意义上的网络保险公司；七是基金、理财和其他类型传统金融业务在互联网上的延伸；八是传

---

① 谢平，邹传伟，刘海二．互联网金融手册［J］．北京：中国人民大学出版社，2014.

统业务模式的手机平台业务，在该种模式下，移动运营商负责搭建平台，银行、证券、保险、基金、理财等传统金融业务放置到手机平台上，供客户使用。①

1.3.3 “金融互联网”和“互联网金融”的辨析

关于“金融互联网”和“互联网金融”两者的关系，有三种类型。第一种观点认为“金融互联网”和“互联网金融”是共生关系，持这种观点的的学者有贾甫、冯科（2014），吴晓求（2014）和戴东红（2014）；第二种观点以谢平（2014）为代表，认为互联网金融包括金融互联网；第三种观点与第二种相反，认为互联网金融是金融互联网的一部分，持此观点的学者有陆岷峰、汪祖刚、史丽霞（2014）。两者概念的比较如表1－1所示。

表1－1 金融互联网与互联网金融关系

类型	特点
共生关系	（1）互联网金融与金融互联网在核心优势、融资方式、流动性管理以及风险处理等方面存在显著差异，但在金融属性、功能以及技术属性等方面存在共性，两者的边界并不清晰。 （2）互联网金融是金融发展质的飞跃，是传统金融的合作者和竞争者，将推动整个金融结构的变革；而金融互联网是基于自身能力的修复与完善，在一定程度上提高了自身的竞争力，但其对金融体系的变革力度远远不如互联网金融。
互联网金融包括金融互联网	金融互联网是互联网金融的六大模式中的一种类型，传统金融的互联网化体现互联网对金融中介和市场的物理网点、人工服务等的替代，典型的包括网络银行和手机银行、网络证券公司、网络保险公司、网络金融交易平台、金融产品的网络销售等。
金融互联网包括互联网金融	从本质属性和内在逻辑演变角度出发，在金融界中，技术是不能够被完全垄断的，互联网金融在云计算、大数据、移动支付以及搜索引擎等信息技术上的优势将逐步被传统金融业所汲取，成为传统金融提高自身竞争力、完善原有体系的工具。

① 李智．关于“互联网金融”的几个关键概念辨析［J］．中国商贸，2014（11）．

第一种观点忽略了两者的本质都是金融，主要关注互联网金融与金融互联网的内部运作方式、投融资主体、风险防控和资源配置方式等方面的差异性。本文对两者关系的界定是互联网金融包括金融互联网，是一种新的金融模式，是互联网企业和传统金融机构以开放性和共享性为特征，具有普惠性和去中介化特质，利用互联网技术信息的多维采集和运用，在网络平台开展金融业务，实现资金的融通，为实体经济服务。金融互联网化是互联网金融的一种模式，通过互联网渠道对传统金融实现互联网化，体现在传统金融的市场信息不对称的减少，交易成本降低，中间环节的减少，支付手段更加快捷，效率的提高等方面。

1.3.4 互联网金融的影响

互联网金融虽然是由中国首先提出，但起源于美国。互联网金融在美国的快速发展推动了学术界与业界对其关注与研究。

Economides（1993）首先使用网络经济学理论对金融交易与金融市场的发展进行了分析。他认为，互联网金融能够对金融业产生重要影响，互联网技术在金融业的应用推广能够降低金融交易成本、扩大金融市场规模等。

Bill Gates（1994）预言，“传统商业银行是要在21世纪灭绝的一群恐龙”。Madhavan（2000）、Pennathur（2001）、Weston（2002）、Claessens et al.（2002）等不少学者认为，互联网金融的发展将会对金融市场、传统金融机构与中介以及货币政策与金融稳定形成一系列冲击。

Economides（2001）认为金融互联网的出现将加速金融交易的去媒介化，互联网技术的外部性能够加速金融市场流动性，金融业的市场结构将发生明显变化，金融业的竞争策略将重新调整。

然而，也有学者对金融互联网与传统金融间的竞争关系保持各自不同的观点。Furst et al.（2002）、DeYoung（2005）认为，单纯的互联网金融不能从根本上代替传统金融机构的服务，基于互联网技术的新兴金融模式与传统金融将是融合与竞争并存的关系。

网络技术与金融业务的深度整合，非因支付、网络理财、网络理财等形式多样的互联网金融模式得到了快速发展。自 2012 年下半年以来，互联网金融在中国呈“井喷”式发展，发展速度和规模远超各方预期，对商业银行业形成了不小的冲击。互联网企业新金融业态，与以商业银行为代表的传统金融机构之间的竞争成为中国学术界、业界以及金融监管当局关注的焦点。

黄旭、兰秋颖、谢尔曼（2013）认为，互联网企业拥有资金空间再匹配的优势，商业银行拥有资金时间再匹配的优势；联网企业与商业银行必将在互联网平台建设、网络支付、标准化产品营销、网络借贷等领域形成多个竞争热点。

周艳（2014）基于互联网金融对商业银行影响的角度，认为在互联网金融的冲击下，商业银行会形成银行客户流失，各项业务出现缩水的现象，传统的经营模式改革迫在眉睫。

郎炜（2013）认为，电商企业涉足金融市场对商业银行的经营发展带来了挑战，商业银行需要借助互联网手段挖掘新客户，打造新的赢利点。

费洋（2014）基于互联网金融与商业银行共赢角度，认为未来我国银行业会更多地借鉴互联网金融的优势逐步调整发展战略，实现发展转型，同时，互联网金融也会细化自身业务领域，避开自身无法克服的经营弱点。

王达（2014）认为，中国已经基本形成以国有控股商业银行为代表的传统金融机构，以阿里巴巴和京东为代表的新兴电子商务集团以腾讯和百度为代表的网络社交平台和门户网站三足鼎立的竞争格局。① 传统金融机

① 王达．美国互联网金融的发展及中美互联网金融的比较——基于网络经济学视角的研究与思考［J］．国际金融研究，2014（12）．

构在与新兴的互联网金融模式的博弈与竞争中仍然占有一定的优势。

1.3.5 对现有文献综述的评价

现有研究从多维度分析互联网金融的发展，探讨互联网金融与传统金融之间的关系。理论界与业界普遍认为，互联网金融会对传统金融形成一定的冲击，两者之间的竞争也日益明显和普遍。不过，现有研究多集中在理论层面，缺乏深入的分析和研究，对于商业银行如何有效参与互联网金融竞争，实现转型升级具有很大的研究空间，这也是本书研究的关键所在。通过本书的研究，旨在为我国的商业银行更好地利用互联网金融谋求经营转型，适应经济新常态的发展提供参考，从总体和长远的角度对互联网金融竞争加以指导和规范，维护金融市场的竞争秩序，充分发挥市场资源配置基础作用，保持金融市场长效稳定的运行。

1.4 结构安排

本课题的写作分为十三个部分。

第一部分为绪论。主要介绍本课题的选题背景和研究方法，界定互联网金融的内涵与本质，理清互联网金融和金融互联网的关系，梳理分析国内外的主要文献并进行评述，介绍课题的研究内容和结构安排。

第二部分是互联网金融的发展介绍。互联网金融是一种新兴的商业模式与盈利方式，在商业银行金融业务电子化、网络化和数据化基础上逐步发展，经过互联网公司基于新的技术条件演绎衍生出来的。互联网金融实现普惠金融，服务大众创业、万众创新，创造新型金融服务市场、促进经济活跃，市场机制优化资源配置、提升金融效率，推动商业银行渠道创新，增强竞争实力。互联网金融具有注重客户体验、低成本性、高效率性、普惠性及渐进性等特点。

第三部分是互联网金融模式分析。相对于以往传统的金融模式，目前互联网金融是一种服务大众的普惠式的金融服务，是小额、短期、高频，更民主化、更大众化的金融模式。主要模式包括：网络支付、网络融资、众筹、虚拟货币、互联网理财、互联网征信及互联网金融门户等。

第四部分是分析国内外互联网金融模式发展现状。互联网金融发展程度较高的国家，互联网基础设施的普及程度和互联网经济的发育程度都较高。我国互联网与金融经历了初步融合、中度融合、深度融合及快速发展四个阶段。我国互联网金融发展至今，已经形成了若干比较成熟的互联网金融服务模式，虽然这些业务模式由不同的互联网金融企业实施，但是在共性上都具有若干类似的特征，且每类模式均呈现出快速发展状态。

第五部分是互联网金融竞争态势分析。一是对互联网企业和以商业银行为代表的传统金融机构之间的竞争进行推演，界定双方在互联网金融领域的竞争格局；二是对互联网金融竞争态势的静态与动态分析；三是从具体微观业务层面分析了互联网金融和商业银行的竞合形势。

第六部分是分析互联网金融对商业银行带来的机遇与挑战。互联网金融带来金融业变革，冲击商业银行传统业务。同时，互联网金融推动商业银行撰写发展，为商业银行带来新的利润增长点。商业银行在互联网金融发展方面具有天生的优势，如法律赋予的吸收存款智能，资金规模庞大，风险防控能力强等。

第七部分是分析互联网金融对商业银行业务的冲击。近年来，互联网金融的飞速发展，对银行业发展造成了很大冲击和压力。互联网金融侵蚀了商业银行中间业务，分流了商业银行存款，冲击了商业银行支付地位。

第八部分是分析我国商业银行融入互联网金融的情况。主要表现为发布互联网金融战略规划，进军直销银行，进行渠道创新，零售业务互联网金融模式创新等。

第九部分指出互联网金融背景下商业银行要积极融入互联网，打造其互联网金融平台。商业银行应打造自己的电子商务平台，通过服务平台来获取业务，抓住移动支付的发展趋势、与移动运营商紧密合作。同时，商业银行应以开放平等的姿态和电商平台合作，推进与战略伙伴的深度合作，搭建一站式服务平台。

第十部分分析商业银行应运用互联网技术再造服务流程。商业银行应构建新型组织架构体系，探索产品和服务的虚拟化，以业务流程重组推动金融业组织变革，以信用控制改革提升风险管理效率。

第十一部分指出商业银行应打造差异化竞争力。首先，商业银行应实施差异化战略。实施以差异化经营为主的业务发展策略，以协作竞争为主的业务竞争策略，以电子网络化为主的业务运行策略及差异化存款定价策略。其次，商业应提升产品与服务的客户体验，增强客户粘性。应拓展客户渠道、拉动增量客户，提升客户粘度，积极介入低端客户群体等。

第十二部分指出商业银行应加大金融创新。首先，服务模式创新；其次，渠道创新；最后，创新金融产品。

第十三部分分析我国互联网金融发展需要监管。互联网金融具有显著的积极作用，但是，金融创新必须坚持金融服务实体经济、服从宏观调控和金融稳定的基本立场，包括切实维护消费者的合法权益、维护公平竞争的市场秩序、处理好政府监管和自律管理的关系，充分发挥行业自律的作用。

1.5　论文的主要创新点

目前，国内业界、学术界对互联网金融的研究多是集中在非银支付、网络信贷等描述性研究。将互联网金融模式作为一个整体，系统研究互联网金融与商业银行竞合关系的文献较少。本书在对互联网金融内涵及互联网金融特点进行分析后，从多个维度分析探讨互联网金融的发展规律，依据资金时空再匹配的金融逻辑，对互联网企业与商业银行之间的竞争进行静态及动态推演，最后提出商业银行的应对策略。

2 互联网金融——新金融 新变革

互联网金融概念的提出与互联网的飞速发展与广泛应用，对社会生活和经济发展带来深刻的影响。从更广泛意义来说，互联网的创立和发展极大地降低经济生活的交易成本，使点对点的直接交易方式成为可能，虚拟的自发市场出现成为必要。

2.1 新金融的崛起

互联网金融是一种新兴的商业模式与盈利方式，在商业银行金融业务电子化、网络化和数据化基础上逐步发展，经过互联网公司基于新的技术条件演绎衍生出来的，与商业银行的间接融资模式、资本市场的直接融资模式均不同。

2.1.1 互联网金融是一种渠道创新

互联网金融业务是在互联网技术快速发展的背景下发展起来的，其借助互联网企业的接口，将传统金融业的线下交易转向互联网上的线上交易。[①] 从此方面来讲，互联网金融是一种依托于技术和产品的渠道创新。

---

① 郝彬，陶能虹．互联网金融时代的跨行业渠道竞争［J］．金融论坛，2014（07）．

2.1.1.1 互联网金融是互联网公司基于新技术演绎的结果

金融业电子化技术的应用，为互联网金融发展奠定良好基础。根据《金融e时代》的解释，金融电子化指传统金融机构借助信息技术替代原有的手工业务处理，提升业务能力和运营效率；在银行大力推动金融业务由柜面向自助和互联网渠道的转移过程中，由于网络技术进步和移动终端的普及，原来固定式、低速、高成本的网络接入模式明显改变，随时随地、低成本的高速接入成为可能，用户接入网络日益便捷；同时，数据积累、存储、挖掘和处理技术的快速进步，使得海量客户和业务的低成本快速并发处理、存储积累、分析整合等成为可能。① 电子化技术、大数据技术的普遍使用，导致互联网平台功能的转型，从信息查询与交流平台变成日常生活应用平台。互联网已不仅是工具，它既改变金融的交易渠道，降低交易成本，更深刻地改变资金的流动方式和客户行为，创造了新的市场。互联网企业从自身发展、贴近客户体验等方面，充分使用互联网技术不断切入商业银行传统经营领域及忽视领域，成为金融市场上最为活跃的一员。

2.1.1.2 互联网金融是依托于技术和产品的渠道创新

从互联网金融的发展模式可以看出，由于网络信息技术、数据管理技术的快速发展，同时伴随着移动终端的普遍使用，使得互联网平台在聚集客户、信息传递、数据挖掘、产品设计等方面表现出相对优势。互联网企业通过创造贴近客户的产品与服务，改变金融业务流程，扩大参与对象，从而占领新市场。互联网金融是对传统金融业务渠道的创新，新的渠道产生新的金融业态。互联网金融仅是对传统网上金融的扩展，是基于技术进步的更高阶段网上金融，是互联网企业基于技术进步积极演绎衍生的结果。商业银行在这一轮网上金融业务中处于落后位置，而互联网企业恰恰抓住这个机遇，但互联网金融改变的只是传统金融业务的交易渠道，没有

① 李麟、钱峰，银行的智能化发展，中国金融，2015（08）.

改变交易背后的契约关系。

2.1.1.3　互联网金融已经渗透金融业

互联网企业从事的金融业务范围不断延伸，网络借贷、网络理财、网络基金、网络开通证券账户等，互联网企业都已经涉足。非银支付与 P2P 网贷是互联网金融最重要的两种模式。P2P 网贷目标群体都是商业银行所忽视的小微企业、普通个人等。如图 2－1 所示。

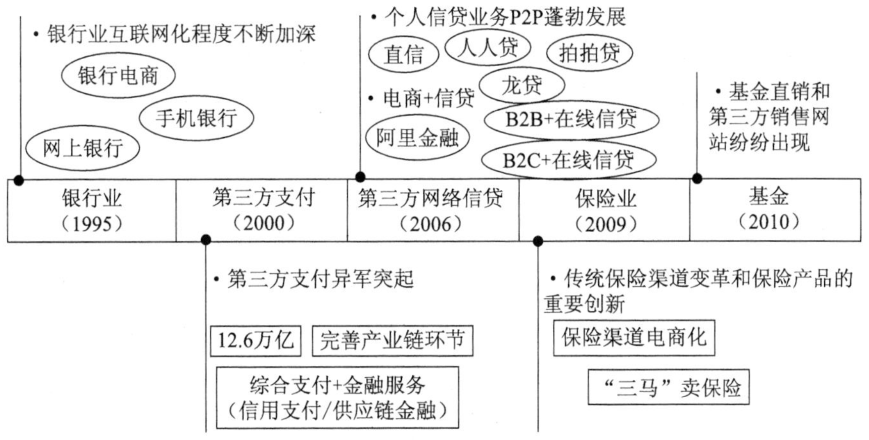

图 2－1　互联网已经渗透至金融领域

资料来源：易观智库。

2.1.2　互联网金融的重要作用

互联网金融实现普惠金融，服务大众创业、万众创新，创造新型金融服务市场、促进经济活跃，市场机制优化资源配置、提升金融效率，推动商业银行渠道创新，增强竞争实力。

2.1.2.1　实现普惠金融，服务大众创业、万众创新

普惠金融，指在机会平等与商业可持续的基础上，在政策人力支持下，通过加强金融基础设施建设，完善金融服务体系，以最小的成本为有金融服务需求的各类群体提供有效的金融服务。农民、小微企业、城镇低收入人群和残疾人、老年人等其他特殊群体为普惠金融的服务对象。

互联网金融丰富了金融产品和服务形式，扩大了客户对金融服务的选择范围，在支付结算等领域更是显著提升了对全体客户的消费者福利，有利于普惠民生。互联网金融凭借信息技术的特点，极大便利了中小微企业的支付结算，降低了中小微企业的融资门槛，为大众创业、万众创新提供了有力的支撑。

实现普惠金融。长期以来，我国小微企业融资难、融资贵的问题一直难以得到解决。小微企业对融资便利性的要求较高，“短、急、频、快”是其融资的一大特点。在我国商业银行融资占社会融资规模的近七成，但由于小微企业信用体系不健全、缺乏抵押物及商业银行嫌贫爱富的特点等，造成商业银行难以成为小微企业融资的依靠，而直接融资对小微企业更是难上加难。互联网金融的出现确实给小微企业融资带来了转机，他们所重视的群体、业务正是商业银行所忽视及不愿意从事的业务，只有这种多种方式、多渠道的融资方式，才能彻底解决我国小微企业融资难的问题。互联网企业向小微企业提供小额信贷，提供差异化金融服务。商业银行将一部分基础性的、小额的交易借助互联网渠道去处理，就能够覆盖更多的客户群体，改善客户体检，降低交易成本。这使得包括商业银行在内的各类互联网金融服务提供商可以在很大程度上，摆脱有限物理网点和成本的限制，比过去更优质地服务大量中小客户，普惠金融、农村金融将更快地发展。

网络支付手段使用门槛低，方便快捷，大大降低中小微企业的支付结算成本。以支付宝为代表的非银支付，还解决了网络交易中存在的交易对手信任问题，极大地促进电子商务的开展，使得中小企业能够有效借助电商平台开展销售，拓宽中小企业的销售市场和客户群体。网络贷款则为广大中小微企业提供新的债务融资渠道，它能够通过大数据分析等手段，以较低的成本勾勒出中小微企业借款人的信用状况，能够覆盖广大未纳入正规征信体系的中小微企业，同时大大缩短授信审批的流程，使得网络贷款相比传统贷款更加方便快捷。此外，网络贷款由于单笔业务运营成本低，可以显著降低贷款最低额度，使得网络贷款能够满足满足众多中小微企业的小额贷款需求。

互联网通过对长尾客户的集聚，降低客户对理财和基金等产品的认购门槛，客户有更多、更高回报的投资选择。在我国，商业银行由于服务成本高、利润贡献低等原因，对于广大的中低端客户通常存在金融服务不足的问题。互联网金融借助信息技术的优势，为满足广大的长尾需求提供解决方案。移动金融为地处偏远地区的人们提供低廉便捷的支付解决方案。以往，由于商业银行在偏远地区网点稀少，金融服务难以进行覆盖。移动金融的产生，为这类群体带来了福音。人们只需开通手机银行，通过移动支付，就可以完成远程支付、转账，无需频繁前往银行网点。例如，肯尼亚的 M－PESA 就为该国广大贫困人群提供方便的支付工具。互联网理财则大大激发了大众理财的需求。以往的传统理财产品门槛较高，对于中低端收入人群来说，理财渠道狭窄，而互联网理财则大大降低投资理财的门槛。例如，余额宝就极大降低基金投资的门槛，并以其极佳的便利性和用户体验，迅速吸引大量的用户。

网络贷款为小额消费信贷提供解决方案。通过 P2P 等网络融资平台，各种风险类型的贷款人与借款人都能够通过平台达成交易。以往，个人申请贷款门槛高，且流程复杂，耗时长。网络贷款则具有门槛低，便利性强的特点，极大的满足了大众的消费信贷需求。而且，网络信贷往往与消费场景紧密结合，更是为消费者提供了极佳的用户体验。例如，蚂蚁金服的“花呗”，京东金融的“白条”，都为广大消费者提供了新的消费信贷服务。

2.1.2.2 创造新型金融服务市场，促进经济活跃

借助互联网的技术特性，出现新的金融业态与交易模式，覆盖群体明显扩大。新业态、新模式的持续发展，将有效地带动经济的发展。

互联网金融能够促进流通消费领域的的发展，推动消费升级，其通过多个领域的创新支撑来促进消费流通领域的发展。一是支付交易手段革新。以支付宝为代表的非银支付，解决了网上交易对手之间的信任问题，并提供了极为便捷的支付体验，极大促进了网上交易的发展。二是融资产品创新。网络贷款的推出（如P2P贷款，蚂蚁花呗，京东白条等），极大地降低个人的贷款融资门槛和成本，并与消费场景紧密结合，便利贷款的申请和使用，对于促进消费有着积极的作用。三是投资产品创新。余额宝等互联网理财产品的推出，降低了投资门槛，并具有高度的便利性，大大提升了普通大众的理财意识，促进大众更加注重财富的保值增值，进而通过财富效应拉动消费的增长。

互联网金融能够促进生产制造领域的发展，推动产业转型升级。当前，随着物联网时代的临近，生产制造领域正在向工业4.0时代迈进。未来，借助互联网技术，企业的内外部供应链都将互联互通，产业与产业之间也将打通，整个生产制造领域将形成一个巨大的工业互联网。物联网技术的运用，将使得生产制造的各个环节和流程，都将变得更加透明、更加柔性化。这对金融服务的敏捷性和柔性也提出全新的要求。互联网+供应链金融，将推动供应链金融的革新，使得商业银行能够借助物联网，实时掌握生产经营销售的进程，把握产品的行踪流向，感知客户资金流的波动，从而能够更准确快速地预测客户的资金需求，更准确地判断企业的经营风险，从而为生产制造企业提供高效快捷定制化的金融服务。这将极大推动企业的生产经营活动，加速企业的从创新到产品销售落地的整个经营链条，推动产业的转型升级。

在这些因素综合作用下，经济将获得新的增长点，而金融对实体经济支持作用发挥也会更加直接，更有效率，更能促进企业发展和经济活跃，进而各类金融服务提供商更能从中获益。

2.1.2.3 市场机制优化资源配置，提升金融效率

信息是金融的基本生产要素，互联网上更充分的信息在一定程度上缓解了信息不对称，加之各类信息流动更加迅速，交易成本更低，有助于价格机制在资源配置中更好地发挥作用，提升金融效率，包括促进利率市场化进程。一是在融资领域，各类参与者可以方便地进入或退出市场，投资者和借款人数量众多，交易选择范围更大，竞争更加激烈。该种模式下，资金出借方的意愿明显增加，同时也能够加强对资金使用方的信用约束。二是在支付结算领域，更多的产品和服务渠道选择将推动金融客户有关费用的降低，提高了支付结算效率，更加贴近客户，并带动商业银行不断提升服务能力和服务水平。三是在投资领域，一方面互联网企业的产品创新会倒逼银行业务创新，丰富大众投资渠道，另一方面，互联网的海量信息会显著提升投资者的风险判断能力，有助于制定更优的投资决策。这些变化都将有利于优化金融市场基础设施，让金融资源充分实现市场化运作。不同市场、不同产品的价格差异不断缩小，各类风险定价水平更趋均衡，市场效率将会进一步提升。

2.1.2.4 推动商业银行渠道创新，增强竞争实力

互联网金融的快速发展，并不断延伸其服务范围，在零售业务、结算支付中不断冲击商业银行的优势地位。这给商业饮料带来的竞争压力，形成倒逼机制，促使银行主动调整，学习互联网思维，真正从“以我为主”向“以客户为中心”转变，在产品设计和服务方面更贴近客户，满足客户需求。在互联网金融背景下，商业银行也在不断调整，充分使用互联网、

大数据、云计算等技术，降低交易成本，提升客户体验等；整合线上线下渠道，提供更加优质的全渠道服务。目前，我国商业银行正不断推出电子银行、网上银行、手机银行、微信银行等创新渠道，并加强线下渠道建设。

2.2 互联网金融的特征分析

互联网金融与商业银行并不矛盾，本质上都是金融。互联网金融适应了当前的移动化、社交化及个性化的客户需求，并不是简单地将商业银行部分业务移动至互联网平台，而是在借助互联网技术的基础上，构建更加贴近客户体检、更有个性化的金融服务产品，覆盖商业银行难以覆盖或不愿覆盖的群体。

2.2.1 注重客户体验

互联网金融市场由于准入门槛较低，市场竞争异常激烈。因此，能够满足客户的需求，能够提供优质的客户体验，就成为互联网企业发展存续的重点。在互联网金融方面保持稳健发展的企业，均是依靠其长久积累的客户基础和客户粘度，从而强化了企业在主营业务外的拓展能力和覆盖能力。商业银行在产品服务方面同质化严重，因此，客户体验上细微差别就会成为彻底改变客户的消费习惯的决定性因素。

颠覆银行“二八”法则。互联网金融目标客户是金融业的“长尾”群体，这与商业银行刚好是相反的。商业银行基于成本与盈利考虑，多是将有限资源投向高端客户，忽视了大多数中低端客户，由 20% 的高端客户贡献了 80% 的利润。在商业银行难以覆盖的长尾群体，互联网金融却存在着天然的优势。丰富的客户资源是互联网企业得以介入金融服务的重要基础，这是其长期经营过程中积累起来的，尤其是能够为客户提供满意的服务，增强客户的黏性。资金融通成本在互联网技术的快速发展背景下，不断降低，低门槛的准入、便捷的渠道及个性化的操作，扩大受众面，产生长尾效应。以余额宝为例，截至 2015 年 12 月 31 日，余额宝用户数达到 2.6 亿人，较 2014 年年底增 42%，蝉联全球单只基金的用户数冠军，人均投资额度不到 2500 元。

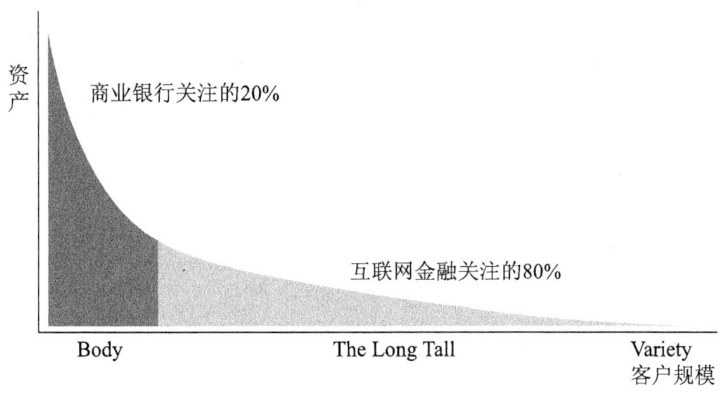

图 2－2 商业银行与互联网金融关注的群体差异（长尾曲线）

秉持客户至上理念。商业银行在产品设计与销售方面，严格遵循风控、合规、法律等方面。而互联网金融则侧重于“体验至上”，产品设计与销售模式更贴近客户的心理需求，有时候不惜以放松风险管控为代价。就余额宝来讲，其本质上是货币基金的网络直销，借助互联网实现了对商业银行产品的网络重构。

实现个性化精细营销。客户在互联网上的行为均会留下痕迹，平台上积累了大量客户信息，如：身份信息、地址信息、工作信息、购物习惯等。互联网企业能够运用大数据技术深度挖掘，推测出客户的行为习惯、兴趣爱好等，并能够向客户推送个性化的金融产品与服务。这种大数据挖掘与分析技术，在商业银行还处于初始阶段。因此，可以说商业银行难以推测出客户的行为习惯、兴趣爱好及风险爱好，无法有效推送客户需要的金融产品与服务。

2.2.2 低成本性

互联网金融的低成本性来自于互联网交易成本的低成本性。互联网通过虚拟化的交易渠道，规避众多交易中间环节对交易成本和交易风险的累加，从根本上形成原生的点对点的自发交易市场。通过互联网技术的发展，将不同的市场通过信息渠道相互关联，形成虚拟的市场网络。对于金融行业情况更是如此，金融业从本质上说是社会经济剩余再分配的渠道，是经济金融信息传递的通路。传统的金融业是基于层层分割的物理网络和有限布设的信息网络，将不同的金融信息节点统一在银行上，结果所有的金融信息流都要通过银行中心点进行传输和再加工，不同银行作为各自的中心节点再用专用网络链接在一起，银行作为中心点要应付大量的业务信息数据进行处理，并且信息处理的过程中一旦出现差错就会导致其担负中心节点的所有客户利益受到影响。

商业银行为降低金融信息处理风险，不得不配置大量的人员和设备进行信息核查，造成大量的人员和设备成本沉淀。而且，不同的银行中心点之间，只能通过有限沟通渠道和沟通平台进行链接，不同金融机构跨平台的交易成本很高，并且容易造成部分金融平台的交易信息的阻塞。

互联网金融作为分布式的自发组织的市场网络，金融机构在这个网络上仅仅是其中一个普通的信息节点，不同的金融机构之间也通过分布式网络经过多重渠道紧密联系，这样就将大量的金融计算功能分布在网络上的不同节点，并且不同节点之间的信息可以有多重的信息通路，金融网络抗冲击的能力大大增强，并且银行业不需要通过人工和重复布置的设备保证金融信息的绝对安全，因为通过互联网服务的外包，数据的安全服务已经由专业的服务商提供，并且不同的金融机构真正形成了合作关系，对金融数据互为备份和验证，保证跨平台金融信息交易的及时性和安全性，降低了不同金融机构交易平台的建设成本。传统的金融业与互联网金融相比较，在经营成本上的开支可达百倍以上。阿里小贷每单平均贷款额约为六万元，据估算其交易成本约两元左右，这对商业银行来说是很难做到的。商业银行在进行信贷投放时，需要对企业发展进行实地考察、市场分析并进行专业的评估，其交易成本明显上升。

2.2.3 高效率性

互联网金融的高效率是因为互联网的分布式节点构造体系，将大量的金融数据计算的信息传递职能分散给各个互联网节点，降低银行作为金融数据处理中心和金融信息传递中心的压力，提高金融数据处理和信息传递效率。互联网金融的出现，让商业银行深刻地感受到自身效率的不足。

互联网金融点对点的信息传递和沟通方式，其实质是银行作为金融服务的后台终端，给用户提供自主服务的平台。通过点对点的信息服务，用户可以自我定制个性化的服务内容和方式，并且会承担部分服务内容。商业银行的服务方式是由用户提出需求，在提供金融服务的过程中，其作为服务供应商全面负责服务的生产过程，而用户仅仅享受最终的服务结果。但是，互联网金融的交互环境，导致用户在网上向金融服务提供商提出服务请求的同时，已经参与到互联网金融的服务过程，在互联网金融企业提供金融服务的过程中，用户不断地与互联网金融企业进行信息的沟通反馈，不断对金融服务进行修正，直到满足自身内部需求为止。甚至未来的互联网金融企业与互联网金融用户之间通过信息网络结成紧密的整体，互联网金融企业与互联网金融用户之间界限不再明显，而是双方基于共同的目标展开密切的合作，形成跨行业跨平台的金融和产业一体化经营模式，所有的金融信息和金融数据通过后台服务系统进行自动化的处理，减少人为的过度干预，提高信息的准确度和处理的效率。

互联网金融的高效率还在于，互联网金融企业通过信息网络改变原有的金融业务和金融信息处理方式。对于传统的商业银行服务，业务部门作为信息的输入输出方，仅仅负责对业务信息的初始审核，具体的金融信息处理是由后台科室负责完成。不同业务部门和后台信息处理部门物理上的隔绝，导致不同部门之间依然存在“信息孤岛”效应，金融业务在处理过程中要经过层层审核，以保证不同部门业务信息处理的正确性，而反复的审核又会严重影响金融信息传递的效率和正确性。随之又增加更多的业务流程对此进行监控，形成金融企业部门不断增加，业务流程不断反复，机构层级越来越多的循环恶化现象。互联网金融企业在信息和业务处理过程中，不再有前台和后台的区别，改变了商业银行部门层层分割的现象。在金融客户提出金融服务请求的同时，各个部门都在自己的职责范围内提供金融信息和金融服务，围绕用户形成个性化、动态化的金融服务平台。在此基础上，各个部门不再是监督被监督，上游业务部门和下游业务部门之间的关系，而是相互之间互为合作、互为补充和互为监督的关系，形成扁平化和团队化的组织结构，将大量的内部行政监管成本通过网络沟通不断消除，提高运行效率。此外，互联网金融企业还能够通过丰富的大数据处理和信息挖掘技术，提前对金融服务用户的需求进行预测，对用户的金融需求进行引导，提高自身金融服务的效率。

以阿里金融为例，互联网金融“大平台”“大数据”的金融结构，将信息技术在金融领域中得到充分地发挥。阿里金融通过“大平台”的优势牢牢锁住商品交易的买卖双方，逐步渗入供应链，在平台内推出小微企业融资和个人消费贷款，并根据长久累积的“大数据”作为贷款发放的依据和风险控制的手段。阿里金融的服务方式，极大地提高了小额贷款的审批时效与边际利润，完美地诠释了互联网金融思维在利用规模经济效益与范围经济效益上的优越性。

2.2.4 普惠性

金融的普惠性实质上是通过金融企业，将所有的金融资源和金融服务统一在同一个金融体系中，提高金融资源的配置水平和金融资源的使用效率。但是金融企业在提供金融服务时，其本身是要受到服务成本的约束，只有降低金融服务的供给成本，才能在金融市场中达成更多的交易契约。长期以来，我国对金融业的管制尤为严格，金融抑制比较明显。国有商业银行占据金融行业主题地位，国有企业垄断着大部分金融资源，普惠金融难以落实，弱势群体难以得到充足的金融服务。

互联网金融的发展将会不断降低金融企业的服务成本，并且金融服务对象有形无形的担负了部分金融服务成本。随着技术的发展，未来金融服务的成本会趋近于零，这样金融服务的普惠性目标就会实现。虽然在理论上，互联网金融具有普惠性服务的光辉前景，但是，实践上，互联网金融需要客户主动参与金融服务过程，这对用户的信息技术水平提出了较高要求，并且还要受到用户交易习惯的制约，未来互联网金融的普惠化程度将会是漫长和渐进的过程。互联网金融可以说是商业银行的有效补充，提升普惠金融的水平，覆盖商业银行不愿意覆盖或覆盖不了的客户群体，能够更好地服务实体经济。不论是 P2P 还是电商关联的小贷公司，几乎所有的互联网融资渠道都没有对抵质押物做硬性要求，特别是阿里小贷，发放的全部是信用贷款。反观传统商业银行，信用贷款几近停产，即便是名义上有规模，审批条件也极其苛刻。

2.2.5 渐进性

互联网金融的渐进性是因为其发展要受到两个关键环节的制约。

首先，要受到技术条件和信息基础设施的制约。信息技术的发展必然是渐进性的过程，虽然，现在依托互联网可以实现传统金融服务的大部分功能，但是，其服务的体验性还不能与传统面对面的金融服务相提并论，并且互联网金融的便利化程度还需要继续提高，特别是移动互联技术与金融服务的融合问题还需要技术上的不断创新，并且互联网金融的发展还需要信息技术设施的支持。虽然近年来，商业银行的信息技术基础设施取得了突飞猛进的发展，但是依然还存在着信息网络的盲区，特别是无线宽带的覆盖范围还有待加强，信息服务的收费依然阻碍着信息网络覆盖率的继续提升。而这都对商业银行互联网金融的发展带来了阻碍。

其次，互联网金融的发展还要受到金融服务客户的信息技术水平和消费习惯的制约。虽然，随着信息网络的普及，互联网在社会生活中的渗透率不断提升，居民的信息技术水平也不断得到提升，但是，农村人口占比较多的结构条件决定了部分具有金融服务需求的人口，因为信息技术知识的欠缺而不能享受优质的互联网金融服务。而这不仅仅是互联网金融企业的职责，更多的是政府，乃至社会机构是否有意愿，有能力对边远地区的居民进行信息技术知识的培训，以降低数字鸿沟的不断蔓延。这个过程并不能一蹴而就，而只能依靠社会整体文化素质的不断提高，居民消费习惯的不断养成，才能促进互联网金融良性循环发展。

从此也可以看出，互联网金融的发展必然是渐进的过程，必然要通过信息技术的不断创新，信息知识的不断普及，才能对互联网金融提供充分的支持和发展基础。商业银行有其优势和必要性，也具有其独特的客户群体。互联网金融和商业银行之间的关系应当是互补合作的关系，在不同渠道通过不同方式对客户提供更为优质有效的金融服务。

3 互联网金融主要经营模式

相对于以往传统的金融模式，互联网金融是一种服务大众的普惠式的金融服务，是小额、短期、高频，更民主化、更大众化的金融模式。主要模式包括网络支付、网络融资、众筹、虚拟货币、互联网理财、互联网征信及互联网金融门户等。

3.1 网络支付

与网络支付对应的是传统支付方式，它是由中国人民银行主导、商业银行为参与主体的支付。支付手段包括：现金、票据和银行卡等。长期以来，这三种支付方式成为人们生活中不可或缺的一部分，商业银行在支付领域的地位不断巩固。然而，随着网络购物、互联网金融时代的到来，促使了一个新的支付方式——非银支付的产生，最为典型的就是第三方支付。非银支付产生的初衷，是用于解决市场异步交易带来的资金安全与信用缺失问题。但目前，由于其使用的便捷性，迅速赢得了客户的喜欢，并广为流行。

3.1.1 内涵与运作模式

3.1.1.1 内涵

中国人民银行在《非金融机构支付服务管理办法》中指出，非金融支机构支付服务是指非金融机构在收付款人之间，作为中介机构提供的部分或全部货币资金转移服务，具体包括网络支付、预付卡的发行与受理、银行卡收单等；网络支付是指依托公共网络或专用网络在收付款人之间转移货币资金的行为，包括货币汇兑、互联网支付、移动电话支付、固定电话支付、数字电视支付等。[①]网络支付最为典型的就是第三方支付（Third Party Payment）。第三方支付的内涵具有狭义与广义两种。从狭义上说，指的是拥有实力与信誉的非金融支付机构，通过互联网技术，在与各商业银行签署协议的基础上，为客户与商业银行支付结算系统建立连接的电子支付模式。从广义上说，是指非金融支付机构作为支付中介所提供的网络支付、预付卡、银行卡收单以及中国人民银行确定的其他支付服务。[②]第三支付已经超越了原始的互联网支付，并成为能够覆盖线上线下交易、应用非常广泛的综合支付工具。

非银行支付机构最早起源于美国，被政府严格监管为资金转换服务提供商，其不得提供类存款金融机构服务，不能吸收或者变相吸收公众存款，并且非银行支付机构的自营资金账户和用户的资金账户必须严格分离，交易信息必须透明可查，不得占用用户的资金。[③]在我国，非银行支付业务的诞生迎合了电子商务同步交换的市场需求，它是买卖双方在缺乏信用保障或法律支持的情况下的资金支付“中间平台”，运作的实质是在买卖双方之间设立中间过渡账户，使汇转款项实现可控性停顿，只有双方意见达成一致才能决定资金去向；因此，非银行支付的出发点同样是资金转换通道，平台不能挪用用户资金，必须严格做好用户资金安全的保障措施。[④]

---

①　②　人民银行，非金融机构支付服务管理办法［J］. 2010，6.

③　④　杨再平. 为非银支付立规矩 成银网合作大方圆［J］. 金融时报，2015，9.

3.1.1.2 运作模式

目前，第三方支付的运作模式有两种。一种是独立的运作。这种模式平台是完全独立的，不依附于网站，不具有担保功能，主要是为用户提供结算通道，比较典型的有拉卡拉、快钱等。另一种是依托于自身电子商务网站的支付，具有担保功能，典型的有支付宝、财付通等。在交易中，货款暂由支付平台托管，待买方收货后，就可以通知平台付款给卖家，平台再将款项转给卖方账户。

商业银行为非银支付行业的快速成长作出巨大的贡献。我国非银行支付机构的快速发展得益于商业银行的支持与合作，非银行支付机构业介入金融业务实际上很少能脱离银行的基础服务而自行处理；比如银行在资金安全和商业信用上都为其提供较为坚实的基础服务，非银行支付机构的客户身份认证还是需要通过银行的客户信息进行的，资金划拨和清算则一定是要通过银行系统完成等。①

在交易规模逐渐扩大的同时，非银行支付机构业务领域不断外延，开始提供隐性的资金账户服务，从事类银行、类银联，甚至类证券等业务；比如，部分非银行支付机构通过开设虚拟账户，吸收众多客户的资金，再以非银行支付机构的名义在银行开立账户，于是非银行支付机构成了一个吸收存款的机构；银行不能追踪资金的具体流向，非银行支付机构的信息又不透明、用户安全验证漏洞百出，而客户放在非银行支付的钱不受存款保险制度的保障，很容易发生被第三方支付机构挪用、跑路现象。②不仅如此，非银行支付机构还涉足信用消费金融，推出信贷产品，向用户提供信用额度。这样的现状不仅给洗钱诈骗活动提供了便利，更是削弱了银行在国民经济中调节资金流动，以及为国家宏观调控提供信息参考的功能。此外，非银行支付机构还可以通过划拨在各银行所开设账户的资金，实现内

---

① ② 杨再平．为非银支付立规矩 成银网合作大方圆［J］．金融时报，2015，9.

部的资金轧清，从而轻易绕开人民银行支付清算体系的监控，成为类似银联一样的资金清算机构。

由此可见，随着涉及业务范围的不断扩大，我国的非银行支付机构已经不再单单是资金划转服务提供商，而是成为一个业务多元化而又游离于监管边缘的“多面手”。其与商业银行之间由合作关系转变为竞争与合作的关系。

3.1.2 支付优势明显

非银支付典型特点如下：

非银支付具有相对公正性。其公正性来自于平台服务商在重复交易中建立的信任机制，卖家和买家的有限次交易过程中难以克服彼此的机会主义行为，而非银交易平台凭借与不同卖家和买家的无限次交易模式，建立和沟通彼此的信任机制。而在这个过程中显然具有越多的非银平台交易量，交易风险的抵消就会越彻底。

非银支付具有简易性。其简易性来自于买卖双方的支付过程中，非银支付平台并不直接介入支付过程，而是在支付过程中承担受托保险作用，只有交易双方发生支付纠纷时，非银支付才介入协商解决。因为非银支付并不直接介入支付过程，因此其交易成本基本趋近为零，对小额零散支付特别适合，并且降低双方的支付成本。

非银支付降低了卖方的经营成本。在非银支付出现之前，卖方必须与不同的金融机构签约，才能通过银行账户享受到实时金融服务，但是这种方式繁琐，成本很高，商户需要支付大量的交易成本，而且还要付出高额的手续费用，但是非银支付平台事先已经和多家金融企业事前签约，凭借大量客户资源的优势，非银支付与金融企业服务签约时能够享受手续费用的折扣，甚至是免费服务。而商户只要在非银交易平台注册，也能享受其带来的优惠便利金融服务，通常情况下，商户在非银交易平台注册只需要支付很少的费用，甚至开放注册。

非银支付的功能具有拓展性。非银支付平台作为开放系统，其结算支付功能可以和任何有需求的交易双方达成关联，这种功能也催生了非银支付平台的网络信贷业务。比如支付宝就可以用代付功能对交易客户进行短期融资服务，并且还可以和公共服务部门签约，利用非银支付平台缴纳电话费、水费、燃料费甚至罚款。

以支付宝为例，作为国内最为流行的非银支付平台，其产生的初衷就是源于对网络交易商提供方便快捷的支付中介和信息中介服务。支付宝最早作为网络交易商的辅助在线交易手段，其发展依附于在线交易规模的增长，为了方便在线交易，支付宝充当了买卖双方交易的“中间平台”。其基本模式为，买方购买商品后，将货款交付给非银支付平台支付宝，由支付宝通知卖方发货，买方收到商品并满意后，由支付宝将货款交付给卖方，如果买方不满意，支付宝充当交易纠纷的裁决者，根据具体的交易事实，采取对网络交易双方的保护或者惩罚措施。正因为支付宝通过技术和业务流程的创新，较好地解决了在线支付过程中风险和信用难题，所以其业务的扩展逐渐脱离对具体在线交易平台的依赖，转变成为跨平台多应用的专业信息中介和支付中介服务商。2004 年，支付宝开始独立运作，向合作方提供支付服务。支付宝现有的服务对象涵盖 C2C、B2C 和 B2B 领域，支持使用支付宝的交易服务商的数量已经超过 30 万家，业务范围包括机票、数码通讯、商业服务、虚拟游戏等行业。众多行业在享用支付宝提供的便利同时，也拥有了广阔的客户群体。目前，支付宝已经和国内的各家主要商业银行以及中国邮政、VISA 国际组织等各大机构建立深入的合作关系，能够根据客户需求不断推出新的业务服务和新的金融产品，成为金融机构在电子中介领域最为信任的合作伙伴。

3.1.3 发展困境

但是，第三方交易具有的公共性质，导致其运行过程中也会遭遇各种风险和难题，具体分析有以下几类：

一是非银支付的安全困境。这种安全困境来自于非银支付平台的两难选择。非银支付平台希望吸引到更多的客户来平台支付，用户越多其价值就会越大，抵消的风险越多，节约的交易成本越多。但是所有用户的交易数据都在非银交易平台上保存，在这个过程中平台要严格保证交易信息的安全性和隐私性，平台需要支付的安全成本就会越高，乃至抵消了部分规模扩张的利益。特别是非银支付平台作为互联网络上的普通节点，在开放系统中更容易受到种种不法行为的侵害，从支付宝每年高达亿元开支的安全成本开支中就可验证非银支付平台面临的安全压力。

二是非银支付的应用困境。虽然非银支付平台能够降低交易双方的支付风险，但代价是用多次的支付行为代替单次的支付行为，降低支付资金的流通速度。虽然在小额多次支付中，资金暂时在非银交易平台沉淀并不会给交易双方带来更为严重的利益损失，但是在大额资金交易时，非银支付平台较长的资金在途时间将会给交易双方带来巨额的成本支出，乃至会抵消非银支付安全快捷的优势。所以在现有的支付模式中，非银支付平台在小额的 B2C 模式中应用较多，而在 B2B 商务模式下，交易双方通常需要支付的资金数额庞大，并且对支付的时效性要求较高，这种条件下显然非银支付平台就失去了优势。而随着互联网金融业务渗透范围的不断拓展，B2B 商务模式、B2G 商务模式乃至 C2C 商务模式都是未来互联网金融业务拓展的方向，而在这些需要多次重复交易，并且交易时限要求较高的商业模式下，非银支付平台就失去了其优势，未来非银支付模式需要在技术手段和支付模式上进行不断创新才能满足互联网金融发展的需求。

三是非银支付的独立困境。非银支付平台信任机制建立的基础是理论上无限重复的交易过程，以及由此带来的收益对支付平台机会主义行为的抑制。显然理论上交易的重复次数越多，信任机制的达成就越容易，带给交易双方的交易价值就会越高。但是现有的非银支付平台都是与某个交易网站捆绑在一起，并且不同的交易网站为获得最大程度的垄断收益，并不愿意与其他的支付平台互联互通，这样就产生了悖论，支付平台与不同金融机构能够做到互联互通，但是不同的支付平台却相互隔绝。从根本上分析，作为具有公共产品性质的非银支付平台本身由私有产权所有者建立，必定会带来公有产权的滥用和浪费，也不利于政府调控经济以及公共权力的维护。所以，未来如何在保持非银支付平台便利性的同时，保持其独立性将是制约其发展的关键问题。

虽然非银支付平台的发展遭遇到了若干难题和挑战，但是未来非银支付平台仍然有很大的发展空间，未来的发展路径有两个方向，一是继续进行技术创新和业务模式创新，拓宽非银支付平台的应用范围，提高其运行效率。二是改变非银支付平台的构建方式，提高其跨平台交易效率，降低其交易风险。

3.2 网络融资

网络融资服务的覆盖面非常大，通过把资金出借方和借款人直接联系起来，消除了许多中间环节的成本，对实体经济的发展能够起到重要的作用。网络融资典型的两种模式是 P2P（Peer-to-Peer lending）融资与阿里金融。

3.2.1 P2P 融资

3.2.1.1 内涵

P2P 网贷的发展模式是没有门槛限制，没有行业标准，没有机构监管的，因此，业界和学术界还没有对其进行明确的界定。一般来讲，P2P网贷，即点对点信贷，互联网企业在其就平台上提供资金需求方与供给方的信息，双方在该平台上就借贷条件达成一致并签署借贷协议，最后实现资金流动。通过该平台，实现了资金的合理配置，资金需求方借助该平台找到有出借能力并愿意基于一定条件出借的人群。同时，该平台实现了借贷双方的信息充分对称，资金需求方能够选择比较有吸引力的借贷利率，而多个资金供给方能够通过提供一笔资金供给来实现风险分担。P2P借贷利率的确定一般有两种方式：一是由网络平台依据借款人的信用状况、商业银行借贷利率来提供参考利率，二是由贷款人通过平台竞标确定。

点对点的借贷模式实质上是传统金融模式的翻版，比如孟加拉国实施的以互保互助为主要特点小额贷款即是典型的传统金融的P2P贷款模式。网络贷款实质上行使了商业银行的部分信用中介智能。但其与商业银行相比具有优势的地方是实现了借贷双方的信息充分对称，降低了交易成本，缓解了小微企业融资问题，并部分代替了民间融资。一方面引入无较好投资渠道、缺乏对抗通胀有效手段的小额资金构建资金池，另一方面构建特有的风险定价机制、分散型组合贷款、贷款的二级交易以及基于大数据的量化放贷等风险控制方式。早期从事P2P业务的企业，已经拥有了知名度并积累了大量优质客户，其目前在行业竞争中处于优势地位。新上线的平台，缺乏知名度，难以赢得投资者的青睐，被迫采用一些非常规的手段来赢取投资者，在行业发展中处于弱势地位。

3.2.1.2 P2P的特点

P2P的客户群体主要是小微企业及个人客户，他们一般征信状况不好，抵押物缺乏或有限，借贷额度较低，这正是被商业银行所忽视的客户群体。同时，由于P2P企业无法使用人民银行征信系统，导致其审贷水平有限，审贷效率低下。而且，由于P2P企业信贷审批、催收成本较高的缘故，导致其坏债率不断上升。

P2P贷款典型特点是“短、急、小”，其对市场反应较快，但也面临着监管收紧及商业银行挤压的压力。不少商业银行也纷纷涉足P2P行业，中信银行、民生银行等已自行或是联合电商平台推出针对性的网络贷款业务。目前有互联网中介性质的平台运营模式（主要是P2P网贷、众筹、平安陆金所）以及阿里、P2P小贷模式+O2O（Online-to-Offline）模式等。（如表3-1所示）从P2P的特点来看，其实现信贷市场的信息对称，透明化了利率，有利于推动利率市场化进程。但，从P2P发展规模可以看出，其对商业银行信贷的影响是微乎其微的。

表3-1　信贷类互联网金融商业模式

模式	互联网中介性质的平台运营模式（主要是P2P网贷、众筹）			阿里P2P小贷模式+O2O模式
	无担保线上模式	有担保线上模式	线下交易模式	
平台作用	单纯中介	中介+担保	主要信息交易平台，宜人贷借款和出借可线上完成	量化放贷
对应责任	当贷款发生违约风险，不垫付本金	当贷款发生违约风险，承诺先为出资人垫付本金	债权转移；宜人贷开始涉及有担保线上模式	
盈利模式	成交服务费、第三方平台充值、取现服务费	现场考察费、借款管理费、投标管理费、担保费用	账户管理费、服务费	贷款利息
风险管理	借款人按月还本付息、信用审核中引入社会化因素、公开曝光黑名单	客户信息认证且资金托管、逾期欠款多种方式催收、有权正式备案“不良信用记录”列入全国个人信用评级黑名单、风险保证金	客户信息认证、提倡小额出借分散风险、设立独立的还款风险金账户、寄送月度账单	严格的借款人资格规定、拥有网商大量交易数据、具有相对成熟的信用评价体系及较完整的交易数据库、以网点未来收益作为抵押

续表

模式	互联网中介性质的平台运营模式（主要是P2P网贷、众筹）			阿里 P2P 小贷模式 +O2O 模式
	无担保线上模式	有担保线上模式	线下交易模式	
平均借款利率	19.62%	18.56%	年度费率 2.3%（利息 10.91%，服务费 20.46%）	18.25% ~21.9%
国外代表公司	Prosper（2006）	Zopa（2005）		
国内代表公司	拍拍贷（2007）	红岭创投（2009）	宜信财富（2006）	阿里小贷（2010）
备注			因拥有强大线下业务，证大 e 贷和平安"陆金所"也只能充当信息交易平台的职能，类似宜信模式	

资料来源：wind 资讯

P2P 信贷审核模式主要有下面几种。一是纯线上模式。该模式的特点是所有的业务操作都在线上进行，包括信贷审核。主要审核的信息包括：视频认证、身份认证及借款人的银行流水等。典型的平台有：拍拍贷、人人贷等。二是线上线下结合的模式。该模式特点是线上提交申请，线下审核资料。典型平台有：翼龙贷、陆金所等。三是债权转让模式。该模式的特点是平台作为中间人对借款人贷款，并对借款人信用状况进行线上审核。完成贷款后再将债权打包卖给投资者。典型平台是宜信贷、宜人贷等。同时，我国商业银行方面也在开展 P2P。中信银行、民生银行等已自行或是联合电商平台推出针对性的网络贷款业务。

3.2.1.3　P2P 的运作模式

一般来说 P2P 运作有四种模式，各类运作模式的特点如表 3－2 所示。

表 3-2 P2P 各类运作模式的特点

模式	运作模式	特点
传统模式	搭建网站，线上撮合	利于数据积累，品牌独立，但优势较小，需要先期投入培养竞争力
债权转让	先将资金借出，然后将债权转售给出借人，赚取利差	适合线下，不利于展业，且程序繁琐，有政策风险
担保模式	引入保险公司，为线上交易双方提供担保	安全，但涉及产业链复杂，合作难以达成
平台模式	将多家小贷公司引入平台，协助其对借款人审核	成本较小，见效快，但核心业务已偏离金融行业

资料来源：wind 资讯

一是大型金融集团的 P2P 网络借贷模式。此种模式下，实际上是具有雄厚资金实力和强大线下风险控制能力的大型金融集团，在网络上推行的线上网络借贷。但是在实施过程中，依然主要由线下进行贷款资质审核和风险控制。此种模式以平安陆金所最为典型，因此也被成为陆金所模式。陆金所在实施 P2P 网络借贷时，采用线下的借款人审核，由传统的金融机构进行事前的资质审核和风险控制，与平安集团达成再担保协议进行风险控制，并且从境外聘请了专业团队进行风险控制。虽然线下审核，全额担保是最安全的保障手段，但是需要网络借贷平台有大量的成本支出，并且也不方便贷款人进行网络借款操作。陆金所在借款人方面，采用是“1 对 1”的借款方式，一笔借款只有一个投资者，需要投资者根据平台发布的投资项目自行选择，自行操作。为了提高投资者债权投资的流动性，陆金所在平台上也开通了债权转让操作，以降低投资者的金融风险。

二是 P2P 网络借贷平台的债权转让模式。此种模式下，P2P 网络借贷平台在交易过程中发挥了中介作用，并且要以自身的信用为借贷双方的风险进行担保。因此，对 P2P 网络借贷平台的实力提出了更高的要求。在此种模式下，网络借贷平台作为债权人将资金贷给借款方，然后平台对贷款进行分割打包，根据网络贷款方的不同需求将借款发送给不同的借款人。网络贷款方与 P2P 平台之间形成了债权债务关系，此种模式也被称为宜信模式，在进行具体操作时实施的是双向匹配的风险控制模式。宜信将债权进行数额和时限的双重拆分，利用资金数额和资金期限的交错配比。一方面不断不断对外借贷获取债权，一方面将贷款金额和贷款时限进行双向匹配以发售给不同的资金提供者。其特点是资本增值速度快，可复制性强，但是对借贷平台的能力要求很高。

三是担保机构作为信用中介的担保交易模式。此种模式也是迄今最为安全的 P2P 网络借贷模式。因为平台本身并不从事借贷款项的任何中间业务操作，仅仅提供了双方交易的信息操作平台。贷款者的贷款风险由合作的小额贷款公司和担保机构提供双重担保，借款者的风险由担保机构事先进行审核。实际的流程更类似于担保机构以自身的信用为再保险，通过 P2P 交易平台发售了信托理财产品，集合网络上不同贷款方的资金供给提供给同一个资金需求方。并且贷款方对担保机构享有债务权限，如果借款方违约，没有及时返还本息，小额贷款公司和担保机构有责任提供连带清偿责任。如果贷款人在贷款未到期的情况下希望提前获得本息偿还，也可以在 P2P 网络借贷平台上将自己债权进行转让。这是一种典型的线上线下相互配合的信用保险机制。

四是传统模式。此种 P2P 网络借贷模式以阿里小额贷款最为典型，也被称为阿里小贷模式。具体操作时，阿里小贷利用阿里巴巴网站强大的数据分析能力，对网上商城商户的信用情况进行初始审核，如果初始筛选通过，在通过线下成立的两家小额贷款公司对贷款客户进行服务。贷款资金一部分来自于阿里巴巴网站的自有资金，一部分来自于网络投资者的资金供给，阿里巴巴网站负责投资者的所有投资风险。

3.2.1.4 P2P 的优点

P2P 网络借贷模式改变了传统金融服务的服务流程和业务模式，极大促进传统金融业的革新，增强金融市场的竞争压力，降低资金的使用成本，其优点表现为以下方面：

一是 P2P 网络借贷的灵活性和透明性。网络借贷的灵活性来自于网络交易的分布性特征，在传统条件下通过借贷双方信息匹配达成交易的可能性，因为交易范围的限制而相对较小，所以才需要金融机构进行交易金额和交易时限的错配。但是在网络环境下，交易的范围和对象大大拓展，并且借贷双方可以便捷低成本的在网上发布借贷信息，还可以依赖借贷平台进行自动匹配，大大减少了交易的费用，提高了交易的效率。资金交易双方能够在网络上进行独立商谈，可以就贷款的条件达成相对独立个性化的契约，有利于资金使用效率的提升以及交易双方提高各自的借贷收益。正因为网络借贷的虚拟性，以及相对独立个性的契约交流渠道，导致交易双方能够在各自的风险范围内对交易的整个过程进行控制。传统的金融模式下，投资者和贷款者彼此不了解各自的信息情况，彼此都将信息委托给中间银行进行传递和加工。但是依托互联网，信贷双方不仅可以就借贷项目的具体特征进行商谈，并且借贷双方可以就信贷项目的进展情况、信贷资金的使用情况进行及时的沟通，信贷双方通过信息的不断交流，尽量的减少了信息的不对称以及由此带来的机会主义行为。同时，P2P 借贷平台也能够对彼此的交易行为的真实性进行控制和约束，甚至对借贷双方交易过程形成再担保和连带责任，以尽量减少交易过程中的风险。

二是 P2P 网络借贷的低门槛和广泛性。P2P 网络借贷低门槛和广泛性依托的技术基础是大样本条件下信息匹配的多重均衡性，网络交易的虚拟性导致物理空间的隔离不再是制约交易成本的主要因素，网络借贷的双方空间上和时间上都不存在任何限制。因为网络借贷的交易成本极低，导致投资者即便只有少量的资金也能在网络借贷平台找到投资对象，而借款人的信用担保条件也相应的降低。特别是对具有网络交易行为的借款者而言，其信用风险通过对交易者日常行为的大数据分析就可以对其进行精确的衡量，这样投资者在控制风险的条件下就可以降低对借款方实物资产抵押的需求。网络信贷对借款方抵押资产的要求相对较低，这样就会吸引更多的投资者和贷款方在网络借贷平台交易，进一步分散交易过程中的风险。另外，P2P 网络借贷模式在全社会的普及还有利于建立良好的信用文化。P2P 网络借贷模式对投资者和贷款方的实物资产要求较低，风险的控制是对借贷双方日常信用行为的分析和判断，这就影响社会经济交往中彼此的交易习惯，逼迫社会交往中过程秉承诚实守信的道德操守，建立优良的社会信用文化。

三是 P2P 网络借贷的高效率性和高收益性。P2P 网络借贷平台在交易过程中，平台并不直接对交易过程进行干预，并且在交易过程中大量的交易细节都是借贷双方独立达成，这样就减少了传统金融模式下对相对繁琐的业务流程进行层层的程序审核，而这产生的交易成本会相应的降低金融业务的效率。P2P 网络借贷平台通过迅速的资金匹配，相应的简化了金融业务的流程，缩减了融资成本。P2P 网络借贷平台的高收益性来自于传统金融条件下对资金流通渠道的垄断，这种人为行政性的垄断导致资金在供给双方进行流动的成本很高。这样掌握有渠道资源的金融机构就能在资金流通过程中获取垄断收益，这也是近年来传统金融业的营业利润居高不下的原因。但是在 P2P 网络借贷模式下，并没有法律对 P2P 网络借贷平台进行严格的进入管制。虽然这在某种程度上提高了网络借贷的市场风险，但是激烈的市场竞争相应的降低了金融渠道的垄断利润。虽然资金的投资者和借款方达成交易的次数频繁，但是投资者和借款方依然能够得到比传统金融条件下更高的收益，这也是 P2P 网络借贷模式快速发展的根本原因。此外，网络借贷平台虽然其单笔业务收入要比传统的金融模式低得多，甚至免费服务。但是依托其金融业务处理的高效率和低成本，以及由借贷衍生的其他金融业务服务收入，P2P 借贷平台依然获得了不菲的收益。2015 年统计数据显示，P2P 网贷平台平均资产收益率都在 10% 以上。

3.2.1.5 P2P 的缺点

目前，P2P 在我国的发展还处于发育期，还存在明显缺陷，尤其是风险管理方面存在很大问题。而且少数 P2P 企业钻了监管的漏洞，以高收益的模式吸引大量客户，当募集资金积累到一定程度后，就跑路走人，成为纯粹集资诈骗的企业，并对社会造成了恶劣的影响。实际上，很少 P2P 企业是因为经营不善而关门的。

在 P2P 模式下，虽然相互之间贷款信息的沟通便利程度显著提升，达成交易契约的可能性也随之提升，但是网络贷款风险问题依然是萦绕不去的难题。特别是最近几年，我国 P2P 网络借贷飞速发展，导致从事网络借贷业务的从业机构数量飞速增长。截止到 2015 年年末，我国具有网络借贷评级资格的网络借贷平台机构就达数百家之多。为抑制网络借贷与生俱来的金融风险，P2P 网络借贷创新了不同业务操作模式，通过线上和线下的相互配合操作，以尽量降低交易双方的机会主义行为的发生。

P2P 网络借贷模式最大的缺点来自于其风险性，这种风险来自于两个方面。一方面，网络借贷双方在交易过程中存在机会主义行为，借贷双方在交易过程中难以对彼此的信息进行有效核实，并且网络借贷的特点难以通过实物抵押或者程序性审核事先控制风险。传统金融条件下还可以通过人民银行的征信系统获取贷款双方的信用信息，但是 P2P 网络借贷平台难以获取人民银行征信系统支持。虽然，部分网络借贷平台基于自身强大的数据搜集和处理能力建立了自身的征信网络，但是相互之间不存在互联互通，成本高，效率低。还有部分 P2P 网络借贷平台本身就具有欺诈动机，联合贷款方，虚构投资收益，甚至采用“庞氏骗局”来非法侵害投资者的利益。另一方面，P2P 网络借贷平台的借贷风险来自于政府管理的缺失。

互联网交易本身就是自我演化的虚拟市场，虽然近年来政府对互联网交易的管制和保护力度在不断加强，但是比起实体交易市场依然存在监管力度不强，风险较大的弊病，虽然 P2P 网络借贷模式因为政府监控的弱化促进了行业的飞速发展，但是随着网贷市场规模的不断扩大，市场的不断成熟，如果政府不对 P2P 网络借贷平台的进入门槛进行严格的市场管制，对交易过程的不法行为进行有力的打击，未来的 P2P 网络交易市场必将迎来自发的震荡和调整过程，大量风险的累积甚至可能摧毁我国的网络贷款市场。

当前，我国 P2P 企业多达 396 家，业务同质化也很明显，若想站稳脚跟，需要积累大量的客户群体，建立良好的信誉，健全风险管理体系，保障客户利益。同时，在未来的发展方面，所有的 P2P 企业共同建立一个全国性的借贷记录，共享借贷人信息是未来很重要的一个发展方向。

3.2.2 “阿里金融”

阿里巴巴所有旗下的平台开始的时候仅仅是一个信息交换平台，并没有涉及到交易。为了解决交易双方的支付问题，并建立一个安全的支付平台，支付宝就此产生。为解决平台上众多小微企业融资问题，阿里小贷诞生。阿里小贷是对传统信贷模式的创新，打造了“金融 + 平台”这一模式。其典型特点是“封闭流程 + 大数据”，依据系统能够评估贷款人的信用状况、还款能力，发放无抵押的信用贷款或应收账款抵押贷款，一般单笔金额在 6 万元以内。

3.2.2.1 阿里金融——大数据金融

大数据技术拥有大量的结构化与非结构化数据，客户在互联网上留下的蛛丝马迹都成为有效的信息，通过对客户互联网行为的分析能够掌握客户的消费习惯、消费倾向等，并能够判断出客户的风险状况，便于互联网企业能够有效进行信贷投放。大数据能够通过海量数据的核查和评定，增加风险的可控行和管理力度，及时发现并解决可能出现的风险点，对于风险发生的规律性有精准的把握，将推动金融机构对更深入和透彻的数据的分析需求；虽然商业银行有很多支付流水数据，但是各部门不交叉，数据无法整合，大数据金融的模式促使其开始对沉积的数据进行有效利用；大数据将推动商业银行创新品牌和服务，做到精细化服务，对客户进行个性定制，利用数据开发新的预测和分析模型，实现对客户消费模式的分析以提高客户的转化率。① 大数据的4V 特性，如表3－3 所示。

表3－3　大数据的4V 特性

体量 Volume	非结构化数据的超大规模和增长 总数据量的80% ~90% 比结构化数据增长快10~50 倍 是传统数据仓库的10~50 倍
多样性 Varity	大数据的异构和多样性 很多不同形式（文本、图像、视频、机器数据） 无模式或者模式不明显 不连贯的语法或句义
价值密度 Value	大量的不相关信息 对未来趋势与模式的可预测分析 深度复杂分析（机器学习、人工智能 vs 传统商务智能）
速度 Velocity	实时分析而非批量式分析 数据输入、处理与丢弃 立杆见影而非事后见效

大数据的关键是从大量数据中快速获取有用信息的能力，或者是从大数据资产中快速变现的能力；未来，大数据金融企业之间的竞争将存在于

① 陈明昭. 互联网金融的主要模式及对商业银行发展的影响分析［J］. 经济研究导刊，2013（11）.

对数据的采集范围、数据真伪性的鉴别以及数据分析和个性化服务等方面；大数据金融模式广泛应用于电商平台，以对平台用户和供应商进行贷款融资，从中获得贷款利息以及流畅的供应链所带来的企业收益；随着大数据金融的完善，企业将更加注重用户个人的体验，进行个性化金融产品的设计。①

阿里小贷放贷流程与商业银行放贷流程非常相似。放贷前，阿里小贷通过其系统调取放贷对象的经营信息，并借助三方认证信息，能够对放贷对象的经营情况、风险状况、信用状况及偿债能力做出判断。放贷中，贷款发放后，阿里小贷通过其支付宝、阿里云及物流系统等时刻关注着放贷对象的经营状况、资金状况，做好风险把控。放贷后，阿里小贷通过其系统继续监控放贷对象的经营状况，深化对其的信用评估，对违约客户进行严格处罚甚至关停其商铺，并向其他贷款对象通过其存在的风险。

3.2.2.2 客户

阿里小贷通过建立完全不同于传统商业银行的金融制度，通过贷款技术的创新，不但提供了放松抵押担保制约的还款制度安排，缓解了信贷双方的信息不对称，而且降低了契约双方的交易成本，降低了小额金融客户获取金融支持和服务的门槛。“阿里金融”的主要商业模式就是平台上搭建平台，培育新客户体验。以阿里巴巴旗下的阿里小贷为例，主要面向商业银行不愿意或者没有能力从事的分散金融客户的资产类业务服务，提供一些小额、分散、短期、无抵押、无担保的资金需求。

阿里巴巴在2010年开展小额贷款业务之前就已经通过“诚信通”、淘宝等互联网交易产品为小额贷款业务的开展积累了原始客户数据，为小额贷款的风险管理打好基础。阿里巴巴在2002年3月推出了“诚信通”业

① 陈明昭．互联网金融的主要模式及对商业银行发展的影响分析［J］．经济研究导刊，2013（11）．

务，主要针对的是交易会员的国内贸易信用服务，借助第三方来评估交易会员的信用状况，将评估结果与会员在阿里巴巴上面的交易诚信记录进行公开，协助“诚信通”会员赢取采购方的信任。紧接着，阿里巴巴推出了“诚信通”指数，用以衡量交易会员的信用状况，同时也成为了交易会员展示其信用状况的基本指标。在 B2C 业务上，淘宝的交易量自 2007 年以来急速增长，通过互联网交易为阿里巴巴开展小额信贷业务积累了大量的客户信用数据。

3.2.2.3 运作模式

为了更好的控制金融交易风险，阿里巴巴通过与建行和工行的深入合作，建立了基于大数据信息处理的信用评价体系、数据库以及相应的风险控制机制。2007 年，阿里巴巴选择与建行和工行合作，先后推出了“e 贷通”和“易融通”等信用贷款业务，主要服务于中小电商企业。阿里巴巴在贷款业务链条中充当前台销售渠道和信息提供商，帮助商业银行评估信用风险的同时也提供了金融产品与贷款方交易的平台，帮助商业银行拓展业务的同时也提供了电商企业发展壮大的资金支持服务。但是基于商业银行风险控制的要求，尽管阿里巴巴通过信用数据支持控制了其部分贷款风险，但是大部分电商企业依然难以满足商业银行贷款的门槛条件。

正是因为这种原因，自 2010 年阿里巴巴开始自建小额贷款公司，以小微企业为主要服务对象，并且在 2011 年中断与建行和工行的信用业务合作关系，开始独立开发小额信贷业务。与商业银行控制交易风险的方式有所不同，只有通过实物资产的抵押才能对信用贷款的风险部分补偿，成交量的多少和重复次数与交易的信用风险控制不能产生直接关联。但是在互联网交易条件下，众多金融服务客户在互联网交易平台上积累了海量的交易数据，阿里巴巴通过分散的线上交易过程，充分掌握电商企业的信用和交易状况，通过对电商企业店铺点击率、成交量、交易评价以及资金量等具体交易过程数据的积累和分析，从而能够判断出电商企业的发展状况以及信用水平。如果线上电商企业有小额短期的资金融通需求，阿里巴巴的小额贷款企业就可以通过客户数据库中积累的大数据样本进行分析，为每个提出资金融通需求的电商企业制定符合其风险和收益特征的最优定价策略。随着电商企业网络金融服务的信用水平不断提升，根据其交易过程建立的信用评估模型就会不断积累其信用水平，从而降低其获取再次融资服务的条件，从而培育具有长期发展能力的质优金融贷款客户。

为保证对金融客户信用水平评估的准确性和及时性，阿里巴巴在不断完善其数据库容量和管理水平的同时，还不断提高其基于金融服务客户大数据样本的信用评估模型的技术水平。阿里巴巴小额贷款建立的庞大数据库，不仅包括贷款客户自身长期的交易数据，还要参考同类企业和行业的经营数据。以这些数据为依据，通过数学方法以及各种参数的调整来判断金融服务客户未来的信用状况变化，最终形成了阿里小贷的业务决策，为金融业务提供客观的分析和建议，并对业务形成优化。阿里小贷基于大数据分析的信用控制并不是局限在信用交易过程，而是覆盖电商企业小额金融服务的贷前、贷中、贷后、反欺诈、市场分析、信用体系和创新研究七大板块。

阿里大数据金融拥有庞大的团队及多种信用评估模型，能够为其旗下商户随时评估信用状况、计算其应收账款数据；并借助其平台、支付宝和阿里云等内部系统，做到了客户、资金和信息的封闭运行，这既提高了放贷效率，又有效降低了风险。阿里金融的服务模式如图 3－1 所示。

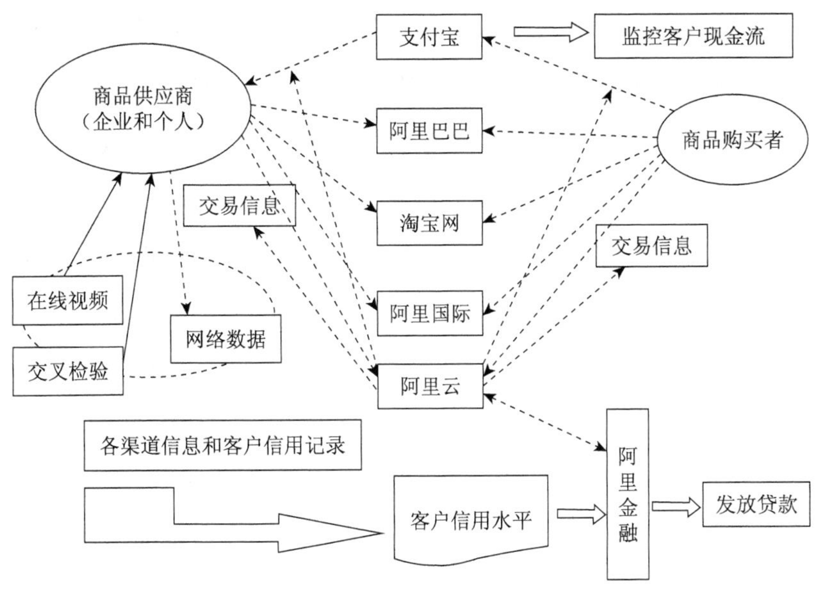

图 3－1　阿里金融的服务模式

资料来源：阿里巴巴年报及网站

3.2.2.4　特点

一直以来，商业银行是金融业的主力军，资产规模占比较大，是标准与制度的制定者，互联网企业难以涉足其中。最典型的是线下支付，商业银行与银联垄断着发卡和交易，获取了大部分利润，非银支付发展空间有限。阿里金融能够迅速崛起，并占领商业银行一部分业务，凭借的是其虚拟账户和电商平台，彻底改变了商业银行制定的规则，自己成为了市场真正主体。阿里金融利用其电商平台制定了有利于自身发展的规则，降低了金融交易成本。同时，阿里金融的信贷对象有很高的违约成本，他们不会轻易违约。

以互联网金融理财品牌——余额宝为例，其创立于 2013 年 6 月，是基于支付宝非银支付平台的金融余额增值服务。余额宝同时也是首家阿里巴巴集团与天弘基金管理有限公司为互联网金融量身打造的网络理财产品。

自余额宝创立以来，其年化收益率最高达到7.9%。天弘基金管理有限公司也逐渐从微不足道的小基金公司发展为我国最大的公募基金管理公司，实现了非银支付平台、基金公司和互联网金融客户的多方共赢。余额宝的优势有以下几个方面：

一是当天赎回。从理论上分析，余额宝实际上就是"T+0"赎回条件下的货币基金。支付宝用户将资金转入余额宝内，就相当于购买了天弘基金公司管理的货币基金。商业银行理财基金收益时限相对固定，而余额宝的收益为日结，相对灵活，余额宝赎回资金可以做到实时到账并且没有手续费，也可以随时提现，具有较强的流动性。

二是对资金规模没有要求。商业银行理财产品对投资的最低资金规模都有限制，一般来说最少是五万元。而余额宝的目标是吸收支付宝客户闲散小额资金，对资金规模没有要求，这就能够吸纳最大量的客户群体。客户群体壮大了，聚集的资金规模就庞大了。

三是操作简单、方式灵活。余额宝依托于支付宝，所有的投资和赎回业务都在网上进行操作，投资和无需过多的了解专业投资知识，也无需通过线下渠道办理业务，对投资者而言最大程度的节约了时间和成本支出。

四是较高的投资收益。天弘基金主要投资于银行协议存款等低风险、稳收益的金融产品。相比较获取存款，余额宝产品的收益多数时间保持在5%以上，尽管自2015年以来，余额宝的收益率下降至5%以下，但是依然远远高于活期利率，这对于投资渠道相对有限的国内资金所有者，提供了很强的吸引力。

3.3 众筹

众筹指的是利用互联网和SNS（Social Networking Services，简称社会

性网络服务）广泛传播特点，由小微企业或个人向公众展示他们的创意，争取大家的关注和支持，进而获得资金支持。

3.3.1 内涵

众筹融资作为国外首创的网络金融模式，来自于 Crowfunding，含义是大众筹资或者群众筹资，是指用“团购 + 预购”的方式，向网友募集筹措项目资金的模式。① 开创众筹融资模式的 Kickstarter 公司其本身最初就是从事音乐、美术等艺术品投资和经营的文化机构，迄今为止，虽然 Kickstarter 公司的业务不断拓展，但是其依然以影视、科技和游戏产业作为其主营业务。

众筹平台的运作模式基本上是相同的，借款人将项目策划交给众筹平台，经过平台审核通过以后，就能够在平台上展示自己的项目。众筹规则有三个：一是每个项目必须设定筹资目标和筹资天数；二是在设定天数内，达到目标金额即成功，发起人即可获得资金，项目筹资失败则已获资金全部退还支持者；三是众筹不是捐款，所有支持者一定要设有相应的回报。②

众筹融资更类似于传统风险投资的变形，只不过传统条件下的风险投资是风险投资人主动在风投市场中发现投资项目，并进行投资。通过投资项目的成立，风险投资者获取现金、债权和股权回报的融资方式。但是在众筹融资中，风险投资的主动权转移到了项目投资的需求方手里，由项目投资的需求方在众筹融资网络平台上发布项目投资邀请，由风险投资者在平台上浏览项目投资的具体描述来选定投资项目。

---

① 徐昆．互联网金融发展对传统金融的影响分析［J］．经济研究导刊，2014（10）.

② 姚祈诺．浅谈互联网金融的现状及发展［J］．时代金融，2015（11）.

3.3.2 特征

众筹融资网络金融模式的传播性。项目创立者能将自己的项目构想以及对项目前景的构建通过众筹平台展现在投资者面前，每个投资者在浏览了投资项目后又很快成为信息传递的新节点，从而形成网状的信息传递模式，有利于项目创立者扩大项目投资的影响范围，为项目的前期市场进入做好准备。

众筹融资网络金融模式的高效性。众筹融资平台作为开放式的公众平台，准许任何人都能在平台上享受到相同的权限和服务，允许多人同时在线浏览投资项目，并且有多个投资项目供投资者选择。这样就扩大了项目创立者和投资者达成交易合约的可能性，并且众筹融资平台的共享功能，能够在全社会会范围迅速形成投资项目的口碑效应，引起投资人相互互动传播的良好效应。

众筹融资网络金融模式的互动性。众筹融资平台上投资人和项目创立者在本质上具有相同的地位，也就决定了项目创立者和投资人在开放平台上就项目的具体细节进行公开和隐秘的互动交流。在交流的过程中对项目的缺陷进行不断克服，直至项目趋于完善。而投资者在项目互动的过程中，将自身对项目的理解也纳入到项目的具体构建中，提高了其对投资项目的满意度。

3.3.3 优点

众筹融资模式的优点与其特性紧密联系，具体分析其具有以下优势。

众筹融资融模式的门槛极低。中小企业，特别是小微企业在获取金融服务的过程中因为本身实力的限制或者金融知识的欠缺，难以通过传统金融模式和 P2P 网贷方式获取程序性的信用评估。虽然通过 P2P 网贷小企业也能获得低廉的网络金融服务，但是在 P2P 网贷模式下，需要中小企业已经成立，并且已经具有了部分经营业务和网络交易条件下，才能通过 P2P 网贷平台获取资金支持。但是很多小微企业在发展的初期囿于启动资金的限制，无法将自己的创意转化为市场项目，也无法获取初期的市场回报。而众筹融资模式就为大众创业创新提供了启动资金融资的平台。但是在众筹融资模式下参与众筹的投资者实质上是都是项目的参与者和评审方，在融资的过程中发挥各自的才能，共同促进项目的成功。

众筹融资模式支持创新的多样性。创新的多样性是众筹融资模式的主要优势，因为在传统市场中购买者的需求必须转化为能够准确衡量的商品，否则无法在市场中形成购买行为。但是在很多条件下消费者的需求在消费之前难以明确阐述，就难以确定其市场价格和交易过程。通过众筹融资模式在交易的过程中会逐渐明晰消费者的需求，并且消费者在协同创建项目的过程中将对项目的市场价值逐渐明确，从而也能更好的对项目进行市场定价。正因为项目创立者的创新过程不受到市场条件的约束，这就激励了众筹项目的创立者进行创新。互联网上众筹投资相对自由的特点，导致不同项目创立者无论其处于什么位置，都可以充分将其创意进行展示，并有可能获得资金的支持。

众筹融资模式项目创新的高成功率来自于众筹融资模式参与者的广泛性。众筹模式中，每一个投资者所支持的项目，都是其感兴趣的，或者在其专业范畴内。投资者除了向项目发起人提供资金外，还能够为项目出谋划策。甚至出现，投资者参与到具体项目中的情形，形成了投资方与筹资方的良好互动，进一步提出了项目创新的高成功率。从行业发展来看，众筹的发展要避免同质化经营，要体现特色化与差异化，避免陷入早期团购网站兴起又倒下的局面。同时，众筹模式运作过程还存在一些缺陷。

3.3.4 缺点

3.3.4.1 众筹融资模式的法律风险

众筹融资网络金融的法律风险来自于两个方面。一方面，是因为国内对众筹融资模式并没有严格的准入程序和资格审核，这样就导致其信用保障只能来自于网站的审核和投资者对众筹融资项目的自我审核。这种情况对融资项目的真实性和盈利性带来了挑战，难以通过市场的淘汰提高众筹融资平台的服务质量。另一方面，是因为现有的法律法规禁止对未经程序批准的个人私自进行债权和股权公众融资。即便是在金融制度相对健全，信用水平较高的美国，对社会公众的股权融资依然采用了严格监管的措施。所以，初期的众筹融资平台都定位为分享式的产品创新过程，而不是债权或者股权投资平台。我国的金融生态条件和信用水平与之相比更为滞后，以至于我国对公开或者非公开股权和债权融资实施更为严格的监管手段，这样就对我国众筹融资平台的发展造成了严重的制约，国内现有的众筹融资平台或多或少的都有非法集资的嫌疑。随着我国对《证券法》的修正，未来众筹融资平台发展的法律风险可能会相应降低。另外，我国众筹融资模式的发展还要受到知识产权的限制，因为在众筹融资平台的创新项目以高技术轻资产的知识类项目为主。在众筹融资的过程中，众筹平台的每个投资者实际上都为项目知识产权的产生作出了贡献，但是，知识产权的申请只能由独立法人或者自然人为申请主体，项目投资人的知识产权利益如何得到保证就成了难题。

3.3.4.2 众筹融资模式的非标准化风险

众筹融资平台的飞速发展，导致现有的众筹融资平台鱼龙混杂，不同的众筹融资平台有自身的程序性审核标准和风险控制手段。这种情况下，项目是否能够进入平台进行融资主要依靠平台的风险控制团队的素质。但是这种人格化的风险控制手段很容易被动机不良的项目融资者利用，也不利于对投资者普及众筹融资的相关知识，取得投资者的信任和参与。因此，未来通过行业协会，或者通过政府监管建立众筹融资的进入控制准则和众筹业务的操作标准，是众筹融资网络金融模式的发展方向。

3.3.4.3 众筹融资模式的监管风险

众筹融资网模式在国内的发展还处于初期，不管是项目的发起人还是众筹平台的投资者都对众筹融资相对陌生。众筹融资的投资者偏向于物质产品的购买而非技术产品的购买，对技术创新和市场创新并不熟悉，自然也就不能参与到项目规划和实施过程。同样项目的创立者对项目的推广也没有成熟的经验和规则，对产品的质量、投放市场的方式和产品的宣传推广方面缺乏独立运作的能力。实际上，即便是在没有众筹融资模式下，世界创意项目的平均成功率也只有 25%，在我国则更低，这就导致项目的发起方和投资者对项目的未来发展缺少信心，直接影响众筹融资网络金融模式的市场空间。在此条件下，如果要形成众筹融资良性发展循环，就必须增强项目的成功率，降低投资者和项目发起人的市场风险。而能够在短期实现众筹融资网络金融良性发展的条件是加强外部监管，提高市场效率。而希望通过市场自发淘汰实现众筹融资网络金融的良性发展，则需要支付更高的成本，时间也太长。能够短期提高市场效率的，则是政府的直接监管或者由政府授权给行业协会进行强制性监管，而后者在效率水平和灵活性上，显然更符合现今众筹网络金融发展的实际情况。

3.4 虚拟货币

3.4.1 内涵

网络虚拟货币从广义上说，是指由一定的发行主体以公用信息网为基础，以计算机技术和通信技术为手段，以数字化的形式存储在网络或有关电子设备中，并通过网络系统（包括智能卡）以数据传输方式实现流通和支付功能的网上等价物。①

虚拟电子货币本质上和实物货币一样，在网络交易过程中扮演媒介职能和财富职能。从概念上讲，虚拟电子货币是非真实的货币，由网络公司发布的，按照一定规则产生和保存的，具备一定网络支付功能的有价电子符号。虚拟货币，是随着网络交易在社会生活中所起的作用越来越大，而逐渐兴起的新兴支付手段。从发展历程上可以将虚拟电子货币分为三个不同层次。

第一层，在网络中现实存在的游戏币。游戏币虽然只能在某个游戏平台上使用，但是游戏币的获取必须依靠现实货币，或者是其他有价活动，因此在小范围内能够代替货币的部分职能。

第二层，门户网站或者即时通信服务网站发行的专用电子币。因为门户网站和即时通信网站能够在更大范围内，向用户提供多种类型的互联网服务，所以其发行的电子货币的信用水平更高，并且发行方实力相对雄厚，电子货币的偿付能力较强，因此能够扮演游戏币的全部职能。

第三层，专门的电子币公司发行的虚拟电子货币。以比特币最为典型，比特币是按照特定的密码计算方法产生的非复制字符串，因为秘钥计算方法的限制，在理论上比特币的发行数量有上限，并且秘钥的非复制性导致了现实中不存在虚假的比特币，比特币的管理也有完整的程序可以遵循，保证每个比特币的流通过程都可以通过数据库进行追索。比特币的这些优点导致其币值相比较实物货币更趋稳定，特别是在实物货币贬值的情况下，比特币是很好的避险工具。

---

① 吴怀琴．网络虚拟货币的电子商务分析［J］．商业时代，2007（04）．

3.4.2 优点

虚拟电子货币产生是由互联网交易的需求而定，并且虚拟电子货币的全部流通过程都在线上进行，导致虚拟电子货币相比较传统货币更适合互联网金融的发展需求。

一是虚拟电子货币的交易便利性。虚拟电子货币的产生和流通过程全部都是在网络进行，其价值的界定也是通过网络交易行为实现，因此其特别符合虚拟网络的流通过程。

二是虚拟电子货币的强流通性。虚拟电子货币的产生和回收过程全部都在互联网上进行，不依托于实物的流动过程，因此期流通的速度远非传统货币可以比拟。

三是虚拟电子货币的可追索性。虚拟电子货币流通的支付过程是基于后台数据库数据不断更新过程来实现，因此，根据后台数据库的分析，可以对每笔电子货币的流动去向进行严格的追索和控制，货币的流通效率较高。

3.4.3 缺点

虚拟电子最大缺点是，货币的发行过程缺少由强信用机构进行支付担保，特别是缺少像政府那样的公权力机构对货币的价值进行担保，虽然有些电子货币用技术手段解决了这个问题，但是更多的电子货币却是依赖虚拟电子货币发行方的商业信用来保证货币的价值，当然这种信用担保比起政府公权力的信用担保有很大缺陷，也更容易导致电子货币的发行方滥发货币，导致虚拟电子货币的贬值。

还有虚拟电子货币缺少统一的标准进行不同电子货币之间，电子货币与实物货币之间的兑换，这当然对电子货币流通的便利性带来很大的影响。

4 国内外互联网金融发展现状

4.1 国外互联网金融发展现状

国外的互联网金融发展与互联网经济的迅速成熟密切相关，互联网金融发展程度较深的国家互联网基础设施的普及程度，互联网经济的发育程度都较高。正因如此，导致国内互联网金融的发展模式在国外都能找到相应的参照物，其发展历程也与我国的互联网金融发展有相似之处。

4.1.1 网络支付

近年来，随着互联网日益渗透生产、生活，网络支付快速发展。

4.1.1.1 非银支付占据网络支付主导地位

最典型的网络支付就是非银支付平台，最初起源于互联网经济发达的美国市场。国际上现在最有影响力的非银支付平台就是起源于美国的PayPal（又称贝宝），它是国际知名的互联网零售商 eBay（又称亿贝）在1998 年 12 月设立的全资子公司。最初，eBay 的所有网上交易活动基本上都要依靠传统金融支付渠道，不仅支付速度很慢，而且还要支付高额的手续费用，也不利于吸引年轻网民在 eBay 购物，为了改变这种情况，eBay公司希望通过信用卡支付渠道简化业务流程，并提高收入利润。但是当时，美国金融业监管机构对商业银行实施了严格的分业监管措施，规定只有在银行开设有常备账户的卖家，才能通过信用卡渠道划款支付，基于这种限制，PayPal 公司开创了全新的互联网支付流程，买方在 eBay 网站购物后，将信用卡内的资金先直接划至 PayPal 公司的银行卡账户，等到买方已经收到货物并且同意支付后，PayPal 公司才通过专有支付账户将货款一次性的支付给货物的卖方。这种形式首先是最大程度保证了买卖双方支付的安全，其次是这种方式规避了卖方必须在每个支付银行都开设常备账户的困扰，只要卖方具有独立的信用卡支付渠道，就能保证货款通过 PayPal 支付平台实现电子流转。

PayPal 借助 eBay 的网络零售市场规模，仅仅在成立五年后，PayPal 就占据了美国消费类电子支付市场份额的 9%。PayPal 通过电子邮件渠道，实现了商户和个人能够在线收款和付款，截止到 2015 年年底，在跨国交易中超过 90% 的卖家和超过 85% 的卖家使用过 PayPal 非银支付平台进行在线交易。同时，PayPal 也积极扩展非银支付平台应用范围，通过积极和电子消费类网站的合作业务，PayPal 在全球 190 个国家和地区开展了在线支付业务，有超过 2.2 亿用户，并实现了 24 种外币间进行兑换交易。PayPal 也通过本身业务的拓展获取了高额的收入，帮助 eBay 公司取得了 10 年 2000 倍的业务增长。PayPal 收入的来源主要来自于两个部分，首先是为商家提供支付服务收取的交易费用，其次是客户从 PayPal 账户向银行账户转移资金时需要支付提现费，对于卖家，如果通过 PayPal 实现支付不存在货币兑换，则无需支付货币兑换费，如果需要跨国支付，存在货币兑换则要根据实际兑换情况，买方支付相应的兑换费。PayPal 通过对买方实施过度保护，最大限度的保护了买方的支付利益，但是同时也带来了对卖方利益可能造成损害。另外，如果 PayPal 支付平台的卖方账户的投诉率过高，则可能导致卖方账户被永久关闭，这对卖方会造成永久性的财产损失，正因如此，卖方通过 PayPal 非银支付平台进行支付时，都采取极为审慎的态度，以避免 PayPal 的惩罚性措施。随着技术的发展，PayPal 不断拓展在线支付手段，从 2006 年开始 PayPal 开发了基于移动互联网的非银支付平台，也取得了极大的成功。

Moneybookers 收汇通道是欧洲目前使用最为频繁的网络支付方式，注册人数与 PayPal 不相上下，是 eBay 支付系统认证所认可的系统之一，也是 eBay 交易链里少数的能被接受的支付系统之一。由于 Moneybookers 限制了美元与欧元每日的大额交易金融，其安全性能较高。Moneybookers 收汇通道还有具有其他支付系统不同的特点，如其要求用户必须在激活认证自己的注册帐号后才能开始使用服务。这样的好处就是大幅避免了网络支付诈骗的发送。

非银支付平台虽然带给了世界网络金融发展以巨大冲击，但是对传统的金融结算方式的影响仍然有限，未来还有很大的发展空间。

4.1.1.2 全球网络支付模式不同

欧洲地区手机银行系统比较发达，能够完成互联网到 Pay Box、Pay Box 到 Pay Box、手机到 Pay Box 等多种形式的业务操作。日本电子商务的快速发展，与企业之间的纽带关系和良好的基础设施分不开，其中，小企业一般围绕大企业形成一种共荣共生的体系。印度、巴基斯坦、匈牙利、罗马尼亚、白俄罗斯等国则采用线下现金支付方式。

表 4－1 各国网络支付模式

地区	国家	网上购物后的常用支付方式
美洲	美国	信用卡
	加拿大	信用卡
	巴西	信用卡及 BoletoBancario 支付方式
	墨西哥	现金和信用卡
	阿根廷	信用卡、贷记卡

续表

地区	国家	网上购物后的常用支付方式
欧洲	英国	信用卡、贷记卡
	法国	信用卡、贷记卡
	德国	根据卖家付款通知转账
	俄罗斯	现金为主，信用卡及其他支付方式也具有一定活力
	土耳其	信用卡、贷记卡
亚洲	中国	非银支付
	日本	信用卡、便利店支付
	越南	现金、银行转账
	阿联酋	信用卡
非洲	南非	信用卡、转账支付

4.1.1.3 移动支付迅速发展

移动支付是将移动终端与金融事项结合起来，将互联网支付与银行卡收单业务相互融合，为用户提供缴费、查询、支付及银行账户管理等基本的金融服务。移动支付分为两大类——近场支付与远程支付，两种模式的技术路径与主要发起方不尽相同，相关产业链上下游也存在区别。国外以NFC 近场支付为主流，国内则是 NFC 近场支付与二维码支付并存。

英国正在成为移动支付的温床。英国人均电子商务消费 80% 的交易通过平板电脑和手机完成。近年来，英国非接触支付发展迅速，许多消费者通过手机进行交通支付。同时，类似 Zapp 的手机钱包服务不断涌现。

4.1.2 网络借贷（P2P）

P2P 形式的网络借贷起源于英国，随着业务模式的不断创新和发展，在美国、德国等发达国家得到广泛推广，通过 P2P 网络借贷平台一方面出借人实现了资产的增值收益，另一方面，借款人可以利用 P2P 网络借贷平台获取资金支持。2005 年，英国伦敦创立了全球首家 P2P 网络借贷平台

Zopa。十年来，Zopa 已向超过十余万人借出了超过 10 亿英镑的资金。2007 年，目前全球最大的 P2P 网络借贷平台 Lending Club 成立。截至 2014 年年底，Lending Club 资产规模达到 10 亿美元，已完成 50 亿美元的放贷量并成功上市。

国外 P2P 网络借贷平台的发展也经历了从成熟到不成熟的过程，具体分析可以将演化历程划分为以下阶段。

开创期。随着 2005 年 Zopa 和 Prosper 公司的相继成立，P2P 网络借贷成为互联网金融的可选商业模式，初期的 P2P 网络借贷依然借助网上零售电子商务的运作平台，虽然，Zopa、Prosper 和 Lending Club 成立的时间不同，但是，其创始人都有着相类似的经营理念，都认为商业银行通过无差别的金融产品和金融服务等被动服务模式，难以满足具有差异化需求的金融消费者，希望借助网络平台，通过金融商业模式和产品服务创新，为金融消费者提供价值的增值。但是，此时的 P2P 网络借贷金融模式还没有形成完整的金融服务和盈利模式，还需要借助市场风投的力量推进企业经营业务的不断成熟。

起飞期。Web2. 0①2008 年世界金融危机的爆发为 P2P 网络借贷模式的飞速发展提供了市场契机。首先，Web2. 0 技术的出现改变了互联网用户仅仅作为信息的接收者介入商业交易过程，技术手段的创新允许互联网用户也能在网络交易过程中全程参与交易过程，通过积极介入交易提高交易的市场价值。其次，世界金融危机的爆发，导致用户难以通过传统的融资渠道获取资金支持，因此，纷纷转向非传统融资渠道，P2P 网络借贷平台的客户访问量因此急剧增加。但是随着金融危机后美国政府对金融业监管力度的加强，导致新生的 P2P 网络借贷平台在美国很快被封杀，美国证券

① .0 指的是利用 Web 的平台，由用户主导而生成的内容互联网产品模式，为区别传统由网站雇员主导生成的内容，而定义为第二代互联网，称为 web2. 0。

交易委员会于2008年10月，认定Prosper出售的凭证属于证券范围。因此，禁止Prosper继续从事相关业务，要求其必须提交有效的注册申请才允许继续开展此项业务。在此期间，Prosper不能发放新贷款，不过仍可以继续运营原有的贷款业务，直到2009年，Prosper获得相应的资质后，SEC才解除了对企业经营业务的限制。相比较Prosper受到SEC的严厉惩罚，Lending Club的做法就显得聪明的多，虽然SEC也对Lending Club的P2P网络借贷业务实施了封杀，但是Lending Club并没有停止业务的扩展，其停止了吸引新的网络放款人，用自有资金继续支持新的贷款申请。因此，在Prosper恢复P2P网络借贷业务后，Lending Club的交易数额此时已经远远超过了Prosper。通过SEC的资格认证后，Lending Club和Prosper都取得了在二级市场交易其贷款凭证的资格，从而产生了P2P网络借贷的二级市场。在此阶段，国外P2P网络借贷平台的发展出现了新的变化，首先是网络借贷风险控制水平的进步，从之前的简单荷兰式拍卖确定贷款定价，通过引入社交网络，沟通了贷款人和借款人之间的信息交流，降低了贷款违约行为的发生。其次是机构投资者进入到P2P网络借贷平台的交易过程中，极大地拓展了P2P网络借贷平台的影响力。

成熟期。2010年后，国外P2P网络借贷金融的发展规模快速推进，应用于不同领域的P2P网络借贷平台不断涌现，但是，随之而来的是政府对P2P网络借贷的监管力度不断加强，虽然，政府的强力监管会降低P2P网络借贷的市场风险，但是，显然会对P2P网络借贷的业务创新起到负面作用，并且会导致P2P网络借贷市场中的业务集中度不断上升。随着机构投资者的进入，P2P网络借贷行业的资金规模急剧上升，虽然P2P网络借贷的业务发生额持续增长，吸引了更多的借贷交易者通过P2P网络借贷平台进行资金的融通，但是大型投行偏向于投资优质资产，推动行业集中度的上升，行业竞争的激烈程度不断提升，同时也降低了行业金融创新的力度。随着国外 P2P 网络借贷行业的集中度不断上升，为了规避市场竞争压力，提高市场竞争力，这些 P2P 网络借贷平台都纷纷推行专业化经营模式，专业性的 P2P 网络借贷平台不断出现。在此阶段随着 P2P 网络借贷平台业务量的飞速增长，其业务盈利模式也逐渐成熟，P2P 网络借贷平台逐渐摆脱了对风险投资的输血型依赖，实现了业务模式的盈利。

当前，与传统金融机构相比，全世界的 P2P 的交易量虽然只占一部分，但发展十分迅速。尤其是在 2008 年世界金融危机后，个人和小微企业很难从传统的金融机构借到资金，更是促进了 P2P 行业的发展。全球已有上千个 P2P 平台，并且部分已经开始国际化，详见表 4－3。英国是欧洲最大的 P2P 市场，2014 年的交易量超过 20 亿英镑，在个人消费贷领域的渗透率为 0.9%。虽然英国的交易量比美国少，但它拥有着大量创新的 P2P 平台。目前，英国正常运营的 P2P 平台有 40 家左右，其中也包括一些跨境 P2P 平台，详见表 4－2。

表 4－2 英国主要 P2P 平台情况

平台名称	成立时间	类型	定价模式	2014 年成交量（百万英镑）	历史累计成交量（百万英镑）
Zopa	2005.3	中小企业贷款、个人信贷	信用定级	259	707
FundingCircle	2010.8	中小企业贷款	竞价拍卖	271	480
RateSetter	2010.10	个人信贷	信用定级	287	448
ThinCats	2011.1	中小企业贷款	竞价拍卖	38	88
Market Invoice	2011.2	票据融资	信用定级	206	314
PlatformBlack	2012.4	票据融资	信用定级	43	83
FunddingKnight	2012.9	中小企业贷款	竞价拍卖	6	8
Rebuildingsociety	2012.9	中小企业贷款	竞价拍卖	3	5
SavingStream	2013.1	中小企业贷款	信用定级	14	15
AssetzCapital	2013.2	中小企业贷款、个人信贷	竞价拍卖	43	50

续表

平台名称	成立时间	类型	定价模式	2014 年成交量（百万英镑）	历史累计成交量（百万英镑）
Folk2Folk	2013. 2	中小企业贷款、个人信贷	信用定级	23	41
LendInvest	2013. 5	中小企业贷款、个人信贷	信用定级	142	185
Relendex	2013. 5	中小企业贷款、个人信贷	信用定级	1	3
FundingSecure	2013. 7	个人信贷	信用定级	2	3
Wellesley&Co.	2013. 11	中小企业贷款、个人信贷	信用定级	135	144
Lending Works	2014. 1	个人信贷	信用定级	4. 5	4. 7
MadistonLendLoanInvest	2014. 1	中小企业贷款、个人信贷	信用定级/竞价拍卖		
UKBondNetwork	2014. 2	中小企业贷款	竞价拍卖	3	3
Money&Co	2014. 5	中小企业贷款	竞价拍卖	3. 5	3. 5

来源：P2Pmoney，网贷之家

表 4－3 其他部分国家代表 P2P 平台情况

国家	代表 P2P 平台	代表平台特色
美国	Lending Club，Prosper	Lending Club 当今世界第一大 P2P 公司
法国	Prêt d’ Union	主要方向是多类型项目、设备、旅游和车辆购置；年复合增长率超过 200%
德国	Auxmoney	允许借款人用汽车来担保部分贷款；根据借款人信用分数来确定贷款利率
波兰	KoKos	多以竞价拍卖为主，一般竞价七天；借款人的评分可以变动
瑞典	TrustBuddy	2011 年上市，世界上第一家上市 P2P 平台

4.1.3 众筹

国外众筹融资互联网金融模式的发展，依赖于发达国家良好的信用基础，以及这些国家社会强力的自组织能力。众筹融资从本质上而言等同于实物团购活动的一种，只不过，这种团购是在实物或者服务产品没有生产之前，已经通过网络集合广大的消费客户预先支付各种费用，并在某种程度上参与到产品服务生产过程，这种互联网金融模式，对社会的信用水平和金融生态条件提出了更高的要求。从初始概念上讲，众筹融资是指通过实物、服务、感谢、作品或舆论为支持措施，利用网络平台向广大投资者或指定的公共筹资项目融资的创新性融资方式。正因为这种融资方式严格限定为实物或者非实物的直接回报，所以项目筹资人不能通过股权或者债权的方式进行回报，也不可以对投资者进行任何形式的收益回报承诺，而只能将众筹融资模式严格限定为一次或者多次的消费活动，而非投资活动，否则就是触犯了监管机构对金融业准入的监管措施，会受到严厉的惩罚。

国外最早开设众筹融资互联网金融模式的是美国的 Kickstarter，其成立于 2009 年。成立之初，Kickstarter 就定位支持和鼓励创新性、创造性和创意性的活动，通过网络平台实现对公众的筹资行为，所有具有创意目标的项目发起方都能在 Kickstarter 在发布项目的详细情况，吸引项目投资者预先购买项目的产品或者服务，促使所有的创造思想在现实中都能获得初始的资金支持，并促进项目的投资者合力实现双方的目标。Kickstarter 众筹融资平台的业务模式相对简单，但是却取得了投资市场良好的反应，特别是在小众的文化艺术品生产和服务领域，Kickstarter 获得了极大的成功。实际上，Kickstarter 在成立之初的主要业务，就是对音乐绘画等艺术品的生产和销售设置的交易平台，随着 Kickstarter 业务规模的不断拓展，其将业务范围也扩展到音乐、影视、游戏和其他媒体与创意相关的产品融资和交易平台。Kickstarter 在国外众筹融资互联网金融平台具有绝对的垄断地位，从 2009 年成立至今，已经成功推出了 38000 余件众筹融资项目，为

500 余万众筹融资项目发起者总共获得了超过 10 亿美元的项目融资支持。随着 Kickstarter 众筹融资平台的飞速发展和极大成功，吸引了更多的投资者进入众筹融资平台建设，促进了众筹融资互联网金融模式的不断创新。迄今为止，众筹融资互联网金融模式的业务范围不断拓展，涵盖了社会事件，电影和表演艺术，商业和企业，时尚，能源和环境，信息和通讯技术等领域；业务模式也分为以下若干类型：一是公益众筹，即投资人在众筹融资平台的项目融资不要求任何形式的回报，基于慈善和公益目标，投资人对项目和创新产品进行的无偿捐赠行为。二是回报众筹，投资人是基于实物或者回报的目的进行项目投资。三是产品众筹，即项目的发起方将产品项目通过众筹融资平台向公众进行筹资，以促进产品获得创意支持。四是股权众筹，是项目发起方在向社会公众进行筹资时，以企业未来的股权收益作为回报，这种众筹融资方式更类似于私募股权融资，因此，会受到监管方的审核监管。五是产权众筹，这种众筹方式主要适用于房地产行业的地产产权众筹，投资者通过众筹融资平台将会获得地产的部分产权，商业地产在承租的过程中的租金，将会以投资收益的形式带给投资者部分回报。

众筹融资互联网金融模式在国外的迅速发展，除了互联网经济的迅速普及以及具备众筹融资的金融生态条件外，众筹融资迅速发展源于近年来，世界经济的发展带给众筹融资互联网金融难得的发展机遇。首先，随着金融危机的爆发，美国政府对金融业的监管力度加强，世界金融生态的弹性收紧，这导致发达国家的中小企业在创业期的融资渠道日渐狭窄，而缺少直接融资渠道的创业者，更难以获取创业资金的支持，此种条件下，众筹融资互联网金融给小微企业创业提供了难得的启动资金支持。其次，众筹融资互联网金融模式迎合了后工业社会对个性化产品的需求支持，特别是针对小众客户定制的个性化工业和非工业化产品，在正常的情况下难以以企业等工业组织方式形成生产规模，也难以通过市场形成大规模的购买行为，而众筹这种融资方式能够满足客户个性化、定制化的生产需求，而且在生产过程中产品和服务的需求者，能够随时参与到项目的运行过程中，使得运行的项目能够更加贴合投资者的需求。最后，众筹融资互联网金融模式仅代表小部分消费者，对产品和服务生产的极端个性化需求，在传统市场条件下，分散的产品生产者和消费者之间，由于高昂的交易成本难以达成交易行为，更难以形成有效的市场条件。但是，在互联网经济条件下，分散的交易者之间的信息沟通成本接近为零，制约交易价格形成的市场规模较为容易满足，所有人都可以根据自身的兴趣爱好，在互联网上找到相同的友伴，成为众筹融资互联网金融模式潜在的项目发起方和投资者。

为了规范和支持众筹融资互联网金融模式的发展，美国政府在2012年4月，颁布促进创业企业融资法案（乔布斯法案），随着近年来美国资本市场服务中小企业的能力不断下降，中小企业的成本和创新能力也不断下降，为降低中小企业的经营成本，支持企业的技术创新能力，对美国政府认定的新兴成长企业简化IPO（Initial Public Offerings，简称IPO）发行程序、降低发行成本和信息披露义务，在私募、小额和众筹等方面改革注册豁免机制，增加发行便利性，提高成为公众公司的门槛。此法案的颁布在法律层面为众筹融资互联网金融的发展提供了便利条件，同时实施的法律保护措施也降低了中小企业通过众筹融资的信用风险，促进了众筹融资互联网金融的深入发展和快速成熟。

4.1.3.1 国外众筹市场呈现分层式发展

据专注于众筹融资行业的美国研究机构Massolution估计，2014年，全球个人和机构通过众筹平台给予或借贷的总金额达到162亿美元，比上年增长166%，预计截至2015年，将增至344亿美元。从各个国家的众筹发展情况来看，2012 年，在美国，Pebble 等硬件产品在 Kickstarter 上的快速火爆，让通过众筹来开发产品、宣传产品的模式为大众所熟知。随后，很多知名硬件产品都通过众筹的方式进行发布，并在美国得到广泛认可。

2010 年，Crowdcube 的成立，开启了英国及全球的股权众筹市场，也让英国股权众筹业的发展一直处于领先并已初具规模。在英国股权众筹开始之前，普通大众不能购买未公开发行的股票。Crowdcube 的成立到 2014 年英国股权众筹法律的出台，逐步打破这一情况。普通投资者只要投资金额不超过投资总额的 10%，就可以参与投资初创企业，无论从实际操作，还是从法律意义上都完成了股权众筹的划时代创新。

表 4-4　当前具有代表性的国外众筹平台

国家	平台	特色
美国	Kickstarter	全球最大最知名的众筹平台，截至 2012 年 9 月，Kickstarter 已经成功推出了 73065 个项目，他们抽取成功项目总集资额的 5% 作为佣金，资助的项目包括 Pebble Watch、Elevation iPhone Dock、Ouya Games Console，共融得 3.77 亿美元的投资
美国	Indigogo	较早成立的平台，初始聚焦于电影类项目。目前成为容纳各类创新向项目的平台。与其他平台不同的是，该平台并不审查在其网上发布的项目，支持者答应提供的资金会直接支付给项目创始人。当项目未达到预计筹资规模时，由发起人决定是否退换已经筹借的资金
美国	RocketHub	支持者既可以投资看好的项目，也可以对项目投票。Rockethub 将对得票最高的项目进行商业和营销援助
美国	Fundable	针对初创企业的股权众筹
英国	Crowdcube	有别于其他跟随 Kickstarter 模式的平台，是全球首个股权人筹平台
阿根廷	Idea. me	并购了巴西的主要竞争对手，成为在南美最著名的众筹平台
荷兰	Gambitious	是一个关于游戏的平台，将游戏玩家与开发商结合在一起
新加坡	ToGather. Asia	项目创始人向平台提交创新型项目，平台负责人审核通过后进行公开发布，资金提供者通过提供的资金来获取项目所承诺的回报

4.1.4 虚拟电子货币

互联网的信息交流的虚拟性和跨国界性，导致国外虚拟电子货币与国内电子货币的发展处于同一水平。国外的知名虚拟电子货币，比如比特币，在国内市场也有流通，并且带来很大的交易便利。从货币的发展历程上看，世界虚拟货币的发展只是改变货币的形态，货币的本质职能依然存在。货币的基本职能是交易中介和财富手段，货币是金融系统的基础，没有货币的存在，金融业的发展也就缺少基本的手段。早在20世纪80年代，弗里德曼就论证了虚拟电子货币存在的合理性，随后技术的发展导致最早的虚拟电子货币——比特币开始出现，并且掀起了全世界范围内的“挖金”热潮。比特币创世最早来自于网上盛传的研究报告，2008年11月1日，网络上一位化名“中本聪”的人，在某个密码学讨论组上发布了一篇研究报告，阐述了他对未来电子货币的设想，由此诞生比特币。比特币的出现恰逢其时，2008年，全球金融市场持续动荡，美联储为挽救金融市场和刺激经济，推出极度宽松的货币政策，超发的货币引起全世界范围内的货币贬值浪潮，为规避货币贬值风险，世界急需要找新的资本避险渠道。从理论上讲，比特币有发行规模的上限，并且有时间限制，这样在技术上解决了货币无限超发问题，为投资者提供互联网上可选的投资避险渠道，随着美元贬值浪潮的不断持续，比特币自我发行的特点导致全世界范围内的追捧，通过复杂的算法和计算产生，用户可以按照算法自己计算获取比特币，也可以通过交易或者比特币交易平台转让获取，从2008年开始，比特币的发行数量急剧上升，理论上总共能够发行2100万个，迄今为止已经发行了1100万个。如图4-1所示。

比特币在全球的交易数量也随之快速增长，并且在某些范围内已经被实体商户所支持，更加拓展电子货币的应用范围。但是，随着比特币的产生难度越来越大，美元逐渐走出弱势地位，近年来，国际市场中以比特币为代表的虚拟电子货币逐渐弱化。

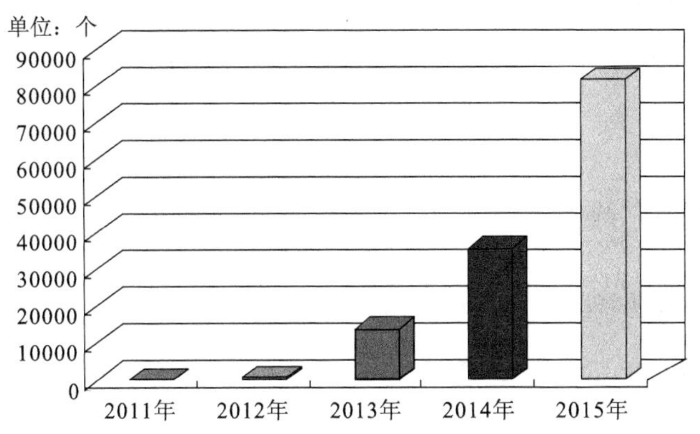

图 4－1　全球比特币平均成交量显示图

世界范围的虚拟电子货币的发展历程表明，虽然，虚拟电子货币能够在某种渠道和某种条件下获取交易者的广泛支持，然而，因为网络交易规模的限制，以及电子货币本身虚拟性的弱点，导致其对实物货币职能的替代能力有限，难以从根本上影响传统的金融结构。但是电子虚拟货币从产生到发展以至于在全世界互联网经济中取得的强力影响，都说明虚拟电子货币互联网金融模式，在完善传统金融模式职能上具有难以替代的作用，其对实体经济的促进作用主要表现在以下方面：首先，虚拟电子货币本身具备一定的信息功能。除了在互联网经济范围内，虚拟电子货币本身具备的传统货币职能外，还能够将支付功能和个性化的信息服务职能密切结合在一起。其次，虚拟电子货币具有相应的文化价值定位职能。虚拟电子货币本身的价值也会在互联网空间涨落，但是与传统货币币值变化显示的经济发展状况不同，虚拟电子货币价值的变化，表示其代表的文化价值的涨落，互联网的文化价值包括娱乐值、文化值、精神值和自由值等能够通过互联网享受或实现的服务和功能。最后，虚拟电子货币能够对传统产业起到提升作用。随着虚拟电子货币的发展，对传统产业的市场供求情况也造成了冲击和影响，只有适应虚拟电子货币代表的价值需求，传统产业才能获取更广泛的互联网市场空间，对传统产业的升级改造起到诱导作用，有助于传统产业根据市场需求是，改造成为后工业社会的个性化产品，提高消费者的满意度。

4.1.5 互联网理财

国外的互联网理财平台以财富管理为主，较为知名的平台都在美国，主要有 WealthFront、SigFig、Mint、Betterment、FutureAdvisor、LearnVest's、MotifInvesting 和 Personal Capital 等。

WealthFront 于 2008 年成立，是专注于使用计算机算法与标准投资模型为客观管理投资组合的公司，以 IT 科技界的年轻人士为主要目标客户群体。2011 年，推出首项定制智能在线投资咨询服务；2012 年，开始向科技公司员工提供何时出售股票咨询服务。该平台对客户的投资组合管理主要通过了解风险偏好、定制投资计划、随时监控投资组合动态、定期更新计划控制风险等步骤完成。除使用智能在线服务外，理财师同时提供高质量的私人财富管理规划的在线服务。并依据用户的投资额度进行收费，一般来说，低于一万美元的投资不收取费用，高于一万美元的每年收取 0.25% 的服务费。

Mint 于 2006 年成立，2009 年被著名会计软件公司 Intuit 收购，2010 年业务合作面覆盖美国几乎所有银行。该公司主要有两项创新：一是为用户建立个人财务中心。在用户授权同意的基础上，公司将用户多个账户信息与 Mint 账户进行相连，并在此基础上，自动把各种收支信息划入餐饮、娱乐、购物等不同类别。用户通过 Mint，就能够非常清楚的看到自身的财务情况与日常收支。二是在对用户信息进行分析的基础上，协助其规划个性化的理财规划与支出规划。公司掌握着上百家银行与信用卡发行机构的信息，一般发现用户使用支付高利率信用卡信息时，就建议其使用其他信用卡，并立即推送相关发卡机构网站填写相关材料。

2010 年，Betterment 开始上线，其最特别的功能在于，用户还可以查看同龄或同收入的人的投资方式。该公司专注于投资管理和投资建议，根据用户所回答的关于投资目标的问题，Betterment 会进行分析，给出相应的投资组合建议并通过该平台直接投资。该公司执行三种不同的收费标准，高级用户每月最低资金不低于 10 万美元，收取 0. 15% 的管理费，第一个月免费；中级用户最低资金不低于一万美元，收取 0. 25% 的管理费；其他用户每月不低于 100 美元，收取 0. 35% 的管理费。

Future Advisor 于 2012 年开始推出服务，目标定位于资产在 10 万美元左右的中产阶级。当前的客户主要是飞行员及军官等比较注重未来资产情况的群体。该公司利用算法分析为消费者提供投资组合，不仅提供个性化建议，还帮助用户规避高税额的投资组合。当前，该公司没有最低金额限制，提供的信息整合及优化建议都为免费，当用户要求该公司代理日常投资组合管理操作时，才收取资产的 5‰作为管理费用。

Learn Vest's 成立于 2009 年，主要目标群体为女性客户，目前也面向男性客户。主要特点是根据用户制定不同级别的三种财务计划，分别为价值 89 美元的预算计划、价值 289 美元的核心项目财务计划、价值 389 美元的完整财务计划。

4. 1. 6　互联网信用

互联网信用并没有明确的定义，可以理解为人们在互联网活动中形成的信用，涉及到道德层面。互联网信用与其他的信用在形式上有所不同，具有虚拟属性和现实属性。互联网与现实中的市场相比是虚拟的，人们的互联网行为会留下蛛丝马迹，也就说互联网能够反映人们的活动。从本质上来说，互联网信用也属于社会信用，是其一种比较特殊的形式。互联网包含的范围十分广泛，有新闻咨询、文化娱乐、社交及软件等多个方面，同时，互联网还担负着人们之间交易、购物、支付等平台的作用。互联网的模式或功能也多种多样，每个模式的互联网信用都会具有特有的一些特征。互联网信用是社会信用的一种形式，当然会涉及到人们的守信、失信等行为。经济信用的主要特征是借贷和延期支付，互联网信用具备经济信用的特质，其主要特征体现为预付款和货到付款。买方先付款给卖家体现了信用，同样，货到付款也体现了信用。

ZestFinance 信用评分是国外最为典型的互联网信用。ZestFinance 公司由 Douglas Merrill 与 Shawn Budde 合伙创建于 2010 年，是一家金融数据分析服务提供商。ZestFinance 是一个利用机器学习与大数据分析为发薪日贷款（Payday Loan 类似高利贷的短期高利息借款）行业提供客户品质分析的平台。ZestFinance 通于数据计算、分析和逻辑，为放款者提供承保模式，并向那些传统信用评分低的、信用记录不完善、缺乏信用记录的人提供贷款。这里简单介绍一下 ZestFinance 信用评分原理。

4.1.6.1 评分思想

目前，ZestFinance 信用评分主要的客户是无信用记录的人群、信用记录不良的人群。该类人群往往因为信用记录不完善，难以在传统的信用评分模型中获得自己的信用评分。然而，ZestFinance 信用评分模型却坚持给该类人群进行信用评分，他们认为信用数据缺失也是信息，也是评分模型中的一部分。与传统信用数据的收集不同，ZestFinance 信用评分模型主要采用机器学习和大数据方式，深度挖掘申请人的一切信息。ZestFinance 信用评分模型比较突出的地方就是，依据申请人的全方位的信息，将其进行分类并构建新的个人信用评分指标体系。这些新的指标多是人们生活中的一些细节，如：IP 地址、租赁地址、电话账单等。ZestFinance 信用评分模型分析的个人信息指标多达上万个，运用自己开发的模型，对上万个指标进行模拟量化，最终将各指标量化为信用分，并以此判断申请人的违约概率、长期和短期内的信用风险及偿还能力。ZestFinance 信用评分同样是基于申请人过往的行为表现，良好的信用记录会带来较高的信用评分，不良的信用记录导致较低的信用评分。

互联网个人信用评分通过庞大的评估指标体系的分析，借助特殊模型的计算，来获取申请人最终的信用分。如：ZestFinance 信用评分模型使用的变量多大七万个，它颠覆和扩展了数据来源，让一切数据成为信用数据。这些数据既包括常规的社交网络、法律记录、纳税记录及社保等信息，还包括 ZestFinance 从一些看似微不足道的渠道中获取的原始信息数据。在获取了大量的原始信息后，ZestFinance 借助十几个信用评分模型，将各种信息数据转化为几万个测量指标，如：诈骗率、信用风险及偿还能力等。最后，各类模型的结果会被整合为一个分数。

4.1.6.2 关于数据的采集和处理

与传统个人信用评分数据不同，ZestFinance 信用评分模型数据体系更为庞大。ZestFinance 使用大数据技术广泛地搜集个人的信用数据，一方面延续传统信用评分所使用的个人指标体系，并对这些数据进行深度分析；另一方面尽可能将所有能够影响申请人信用状况的信息、数据纳入互联网个人信用评分指标体系，实现数据深度和广度的结合，如：社交网络信息、用户申请信息。ZestFinance 数据不但包括结构化的数据，也引入了大量的非结构的数据，见图 4 - 2。结构化的数据如：交易信息、法律记录、租赁信息，这些数据来源于从代理商处购买。非结构化的数据包括：申请人的 IP 地址、电子邮件用户名、房租缴纳记录、典当行记录、网络数据信息、家庭地址及工作地址。IP 地址能够反映出申请人来自哪个区域，电子邮件的用户名可以反映出申请人的一些行为或社会特征。另外，ZestFinance 数据中还包括大量的非传统数据，如：申请人填写数据表格时使用大小写字母的习惯，在互联网上提交申请时是否阅读文字等行为，这些习惯或行为能够反映申请人的真实状态。ZestFinance 信用评分模型发现，人们在网上填表习惯用大写还是小写，就是一个信号，习惯用大写字母填表的人违约率更高。

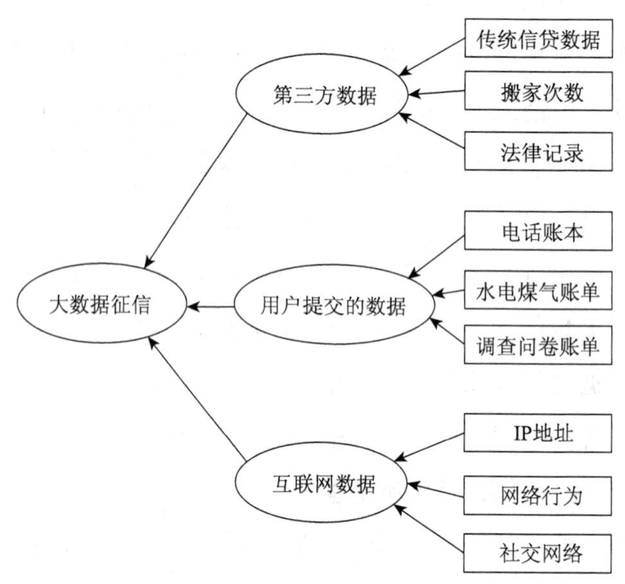

图 4－2　ZestFinance 的大数据源

数据来源：ZestFinance 官方网站

ZestFinance 个人信用评分模型的先进之处并不是数据来源，主要区别在于，较多的信用评估机构并没有好好利用现有的数据。而 ZestFinance 个人信用评分模型最大的优势就是对数据的提炼，寻找各数据之间的关系是 ZestFinance 的一项重要任务。ZestFinance 还提出了一个重要的观念“信号（Signal）”，指的是不同的变量之间互联碰撞而产生的逻辑信息。ZestFinance 认为这些信号很有意义，信号的提取完全是通过机器学习自动完成，各种信号之间的互动能够产生比较有趣的结果，重要的是如何使用数学手段找到信号之间的关系。举例来说，在传统的信用评分模型中，月收入在其中占据很重要的位置。但在 ZestFinance 信用评分模型中，月收入高低说明不了任何问题，收入减去支出的净收入，并且考虑到所在区域，才能预测借款人的还款能力。

4.1.6.3 评分模型

与传统的个人信用评分类似，ZestFinance 对个人信用评分也主要依赖于两个重要的因素：申请人的还款能力与还款意愿。与传统个人信用评分数据不同的是，传统征信中数据主要依赖于银行信贷数据，而 ZestFinance 个人信用评分的数据不但包括传统的信贷数据，而且还涉及了与消费者还款能力、还款意愿相关的一些描述性风险特征，ZestFinance 的技术核心就是对这些相关描述风险特征数据的抽取与筛选。传统征信的数据是强相关性的，ZestFinance 的数据与申请人的信用状况相关性较弱，ZestFinance 利用大数据技术搜集更多的数据维度来加强这些弱相关数据的描述能力。这样，ZestFinance 就不再依赖于银行的传统信贷数据，能够对传统征信无法服务的人群进行信用评分，实现对全体申请人群的覆盖。

传统个人信用评分模型所采用的方法多是回归分析法，主要指标体系一般包括性别、职业、收入等 20 多个变量，通过对每个变量进行量化处理，以打分卡的形式评分。传统信用评分模型中的数据缺失就代表是盲区，就需要使用缺失数据处理办法进行处理，要么直接删除，要么去填补。随着互联网技术的快速发展，互联网企业完全能够通过搜集大量数据及人工智能分析的方式去测算申请人的信用分，这正是 ZestFinance 所采取的手段。ZestFinance 信用评分模型采用的是机器学习法，与传统信用评分模型的回归分析法明显不同，整个评分过程，只需要几秒钟的时间。与传统信用评分模型 20 个左右的指标相比，ZestFinance 信用评分模型能够更精准地评估借款申请人的信用风险。多个 ZestFinance 信用评分模型能够对借款申请人进行多个信用评分，综合反映出借款申请人的信用状况。ZestFinance 信用评分模型中有两个模型能够用来防止身份欺骗的，一个模型能够预测借款申请人提前还款概率，多个模型能够用来评估借款申请人的还款意愿和还款能力。而且，ZestFinance 信用评分模型一直处于不断更新调整中，每个模型平均半年就会更新一次，新版本的模型中会纳入更多的变量与数据源。

ZestFinance 采用的算法是来自 Google 的大数据模型，ZestFinance 利用机器学习和大数据方式通过对申请人外部数据信息的分析进行个人信用评分。ZestFinance 能够同时运作多个模型对海量数据进行分析来判断各种可能性。大数据模型主要有两方面的优势，一是在同样通过率的情况下降低坏账率，二是在同样坏账率的情况下提高通过率。传统信贷机构的坏账率已经控制在比较低的水平，但通过使用 ZestFinance 个人信用评分模型，可以提高他们的通过率。

4.1.6.4 评分过程

ZestFinance 个人信用评分过程如下。第一步，挖掘海量的不同的变量；第二步，寻找这些变量之间的联系；第三步，在变量关联性的基础上，将这些变量重新绑定为一些比较大的变量，并将这些大的变量放入不同的模型中进行处理；第四步，每一个模型给出一个结论，将这些分散的结论整合，形成一个信用分数，见图 4－3。

• 模型首先考虑成千上万种变量
• 模型理清变量关系，转换变量为有用的格式
• 被转换变量合并到元变量之中，描绘一个借贷者的某些特定方面
• 元变量输入到不同的模块中，每一个模块代表一种“技能”
• 每一个模块贡献一定分数比例，合成最终的分数

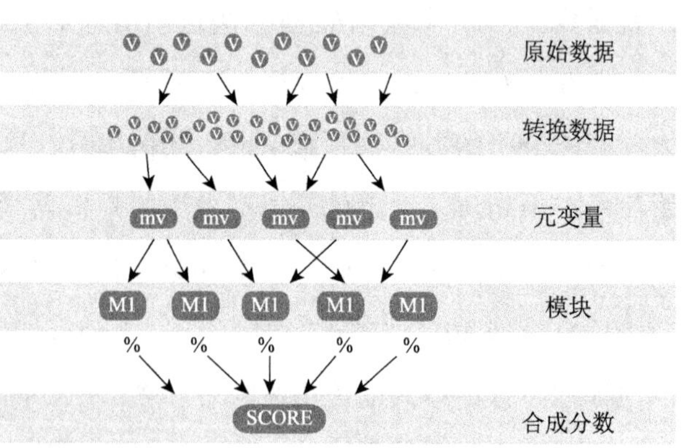

图 4－3 ZestFinance 的信用评分原理

数据来源：ZestFinance 官方网站

4.2 我国互联网金融的发展历程

我国互联网金融的概念源自于2012年阿里巴巴推出的余额宝，极大地改变了商业银行的利益分配。从此，非银行金融机构在网上纷纷推出了自己的“宝宝类”网络金融理财产品，对商业银行的资金流向带来剧烈的冲击，市场竞争的压力也逼迫其在互联网上开始金融产品销售的尝试。在此之前的20年，互联网已经不经意间进入我国社会生活和经济领域，有形无形间地对商业银行带来部分影响，根据互联网影响金融业的程度可以将互联网金融的发展历程归结为四个阶段。

4.2.1 互联网与金融的初步融合阶段

互联网与金融的初步融合阶段开始于20世纪80年代，商业银行业务处理的电子化阶段。虽然，在此阶段互联网还没有在国内真正开展链接业务，但是，很多商业银行已经通过基于互联网协议的内部网络，将不同业务部门的处理终端连接在一起，从而在商业银行内部实现自动化办公和无纸化业务操作。在此阶段，金融客户还不能通过开放的互联网协议访问银行内部网络，但是不同银行间的业务处理，已经能够通过银行间的业务结算平台进行操作，此时基于互联网的信息技术还只是金融业务操作的工具，并没有改变传统的金融业务运作方式和服务方式，但互联网与金融密不可分的关系已经在逐渐形成。

4.2.2 互联网与金融的中度融合阶段

20世纪90年代中期，是互联网与金融的中度融合阶段商业银行通过互联网开放公众终端，为金融用户提供有限的网络金融服务。在这个阶段，突出表现为金融业务的网络化，银行内部和银行间互联网业务的渗透水平不断上升，并且商业银行开始将部分的线下业务开始转为线上业务，但是，此时商业银行向公众提供的线上业务还极为有限，只能通过网上银行开放平台进行开户、转账、查询和购买有限种类的金融产品等服务，证券公司基于业务发展的需要，也开放有限的公众端口以供公众进行查询、购买和结算等证券基金服务，此时，一些非金融机构，主要是IT技术公司，也通过提供在线金融信息和委托理财等服务介入到互联网金融体系中。

4.2.3 互联网与金融的深度融合阶段

21世纪初到2012年，是互联网与金融领域深度融合的阶段，突出的标志为非银支付平台开始在互联网上出现，并且很快得到网络交易商和消费者的欢迎。我国互联网普及率和网民规模自2006年以来增长速度不断加快，依托于互联网的在线交易规模也在增速上升。互联网交易的飞速发展导致金融业作为社会资源再配置的核心环节不断受到冲击，而且也不断促使传统的金融产业和部门改变自身的经营模式和业态。

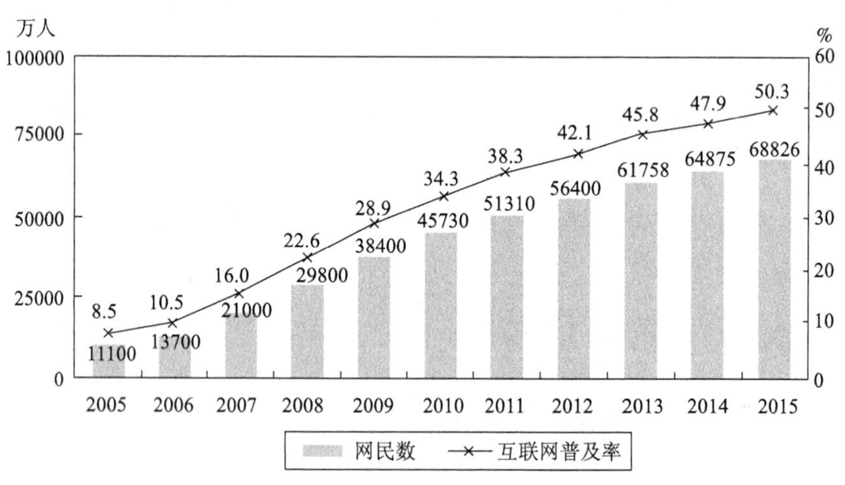

图4-4 中国互联网普及率和网民规模图

数据来源：中国互联网信息中心。

从图 4 -4 以看到，在 2005 年以后，全国网民人数快速迈过了两亿的门槛，并在 2014 年年初超过了六亿人（移动网民也超过了五亿人）；人均周上网时长也从 2005 年的不足 15 小时，增长到 2014 年年初的 25 个小时以上。也就是说，接近全国人口一半的网民人数和平均每天超过三个小时的在网时间，是互联网金融能够在我国快速发展的客户基础。

在互联网与金融相互融合的发展阶段中，都是金融企业在互联网的应用中占据主要角色，而在此阶段，非金融机构的网络交易商替代了金融机构的网络支付和结算功能，彻底地改变线上和线下交易的区别。在非银支付平台等网络支付手段的引领下，以搜索引擎、云计算、大数据分析、移动网络等互联网技术的飞速发展为引领，互联网与金融出现彻底融合的趋势，2007 年，我国首家网络借贷平台拍拍贷成立，2011 年，中国人民银行颁布了首家非银支付牌照，从实践到政策都为互联网金融的飞速发展提供了条件。由此，互联网金融的概念开始真正引起了金融业界的广泛重视。

4.2.4 互联网金融的快速发展阶段

2013 年被学术界与金融界称为互联网金融元年。互联网金融在 2013 年发展迅速，并引起了全国人民的关注。非银支付攻城略地、不断侵占商业银行支付市场，网络借贷迅速崛起，不断搅动商业银行信贷份额，互联网理财蓬勃发展，不断冲击商业银行存款与理财，商业银行、保险、证券公司不断触网，创新产品，创新服务方式，重组业务模式与流程。可以说，互联网金融进入新的发展阶段。

2013 年，互联网金融的概念首次进入年度政府工作报告中，并且不仅是传统金融行业开始互联网金融的深度实践，带来更大冲击的是传统互联网企业，特别是掌握有大量客户资源的门户网站，通过自身的信息优势广泛涉及了各种互联网业务类型，在金融机构和互联网企业的配合下，各种互联网金融模式创新也是层出不穷。互联网信贷有陆金所、宜人贷、红岭创投、温州贷、胜融在线等；互联网保险有中国人寿、人保股份、中国平安、太平洋保险等等，截止到2014年年底多达30余家；互联网众筹有人人网、百度众筹、京东众筹、淘梦网、摩点网等。互联网金融从概念的提出到迅速在全社会普及仅仅经历三四年时间，但是其带来的影响将会深度改变现有的金融格局和经济发展方式，见图4－5。

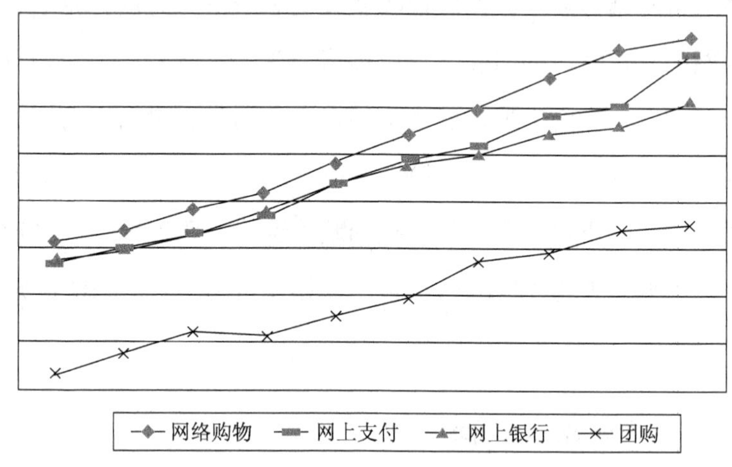

图4－5　中国互联网金融发展概况

结合互联网金融从萌芽到现在的逐渐成熟，30余年间可以将互联网金融的发展动力源归结为以下方面：首先，金融企业作为主要的需求方和动力源，促进了互联网技术在银行业界的广泛应用。其次，互联网企业在市场竞争的压力和金融利益的诱惑下，尝试开展网上的互联网金融业务。最后，线下的金融企业在线上互联网金融的压力下，也选择和线上互联网企业的深度合作，共同促进互联网金融的不断创新。

4.3 我国互联网金融发展现状

我国互联网金融发展至今，已经形成若干较为成熟的互联网金融服务模式，虽然这些业务模式由不同的互联网金融企业实施，但是在共性上都具有若干类似的特征。每类模式均呈现出快速发展状态。

4.3.1 网络支付

网络支付以非银支付为代表，是以支付平台作为网络交易的第三方和产品所在国家，以及国内外各大银行签约，并具备一定实力和信誉保障的独立机构，提供网络交易支持平台，最为典型的有支付宝、快钱、汇付天下、易宝支付、通联支付。非银支付在网络交易中起到的作用是信用再担保，通过其公众信用作为抵押，弥补交易双方由于信息不对称导致的交易风险。以支付宝为主要代表的非银支付平台，在沟通网络交易信息和分散交易风险中起到不可或缺的作用。

2010 年，人民银行颁布《非金融机构支付服务管理办法》，这是对非银支付地位的认可。2011 年，人民银行发放了第一批非银支付牌照，非银支付正式纳入人民银行金融监管体系。根据《办法》规定，支付行业主要包括网络支付、预付卡的发行与受理、银行卡收单三个子行业。依据所获牌照支付牌照不同，非银支付公司主要涵盖以上业务中的一项或多项。

截至 2015 年年底，人民银行颁发了八批支付牌照，持有支付牌照的企业已达到 270 家。近两年来，非银牌照发放数呈现下滑的趋势。一方面是因为重点地区的获牌企业接近饱和，区域性的企业发展较慢。另一方面是非银支付风险不断爆发，如：POS 刷卡套现等。在支付牌照严格监管下，非银支付平台的竞争将成为巨头们的竞争。一类是凭借多年的运作占据市场主导份额的巨头，如：支付宝、财付通、快钱等，另一类是凭借自身优势资源成立的电信运营商支付平台等。当前，非银支付之间的竞争越来越激烈，其提供的服务同质化明显。移动支付、跨境支付正成为争夺的重要领域。非银支付生存下来的砝码就是必须拥有自身独特的竞争力及特色渠道资源。

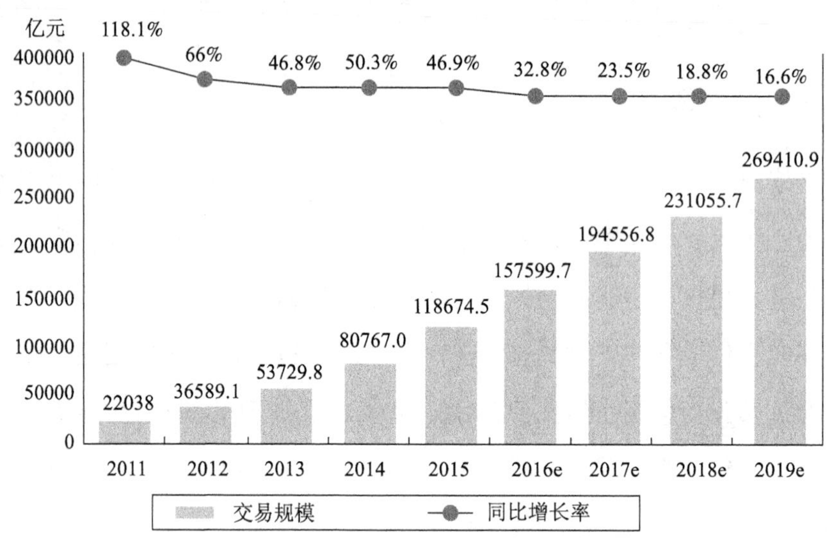

图 4－6　中国非银支付互联网金融规模

注释：1. 互联网支付是指客户通过桌式电脑、便携式电脑等设备，依托互联网发起支付指令，实现货币资金转移的行为；2. 统计企业中不含银行、银联，仅指规模以上非金融机构支付企业；3. 艾瑞根据最新掌握的市场情况，对历史数据进行修正。

资料来源：综合企业及专家访谈，根据区瑞统计模型核算

资料来源：艾瑞咨询

支付规模大幅增长。根据图 4－6 所示，因为具有这些特性，我国非银支付互联网金融规模自 2011 年以来飞速增长。2015 年中国非银互联网支付交易规模突破 10 万亿元，达到 118674. 5 亿元，同比增长 46. 9%，增速有所放缓。近五年年均增幅仍超过 50%。

布局 O2O 市场。在保持传统的互联网支付的优势同时，部分具有实力

的非银支付企业也在加速线上到线下的（O2O）支付布局。支付宝已经实现高校缴费功能，并开通校园一卡通绑定支付宝账户，具备自助充值的功能。支付宝应用从物业缴费到医院挂号，从买交通票到买彩票，从理财到还贷款，已经多达30多种生活服务项目。2015年1月，支付宝发布O2O行业方案，涉及到商业、亿元、酒店、物流等14个行业。

移动互联网支付发展迅速。移动支付是非银支付热点业务，支付宝、微信也纷纷加快了远程和近距离便利店、小型商铺二维码支付的布局。2015年，支付宝用户移动端支付占比已超过半数，达到65%的比例，PC端的用户粘性不断下降。财付通金融战略升级，构建开放合作平台，依托微信和QQ社交工具，拓展支付场景，将移动支付与互联网支付相结合，为用户进行全方位的支付理财服务，并取得较不错的成绩，市场份额占20%。

非银支付拓展航旅、电商B2B、供应链、互联网金融等领域。如易宝支付、快钱等，为B端企业提供较为完善非银支付行业解决方案，帮助企业提高支付效率，加强对资金的管理，不仅有助于促进行业支付水平的提高，也有助于提升支付企业自身的服务水平，扩大自身在行业中的影响力和竞争力。

跨境支付逐步成为新的蓝海。跨境支付是指两个或两个以上国家或地区之间因国际贸易、国际投资及其他方面所发生的国际间债权债务，借助一定的结算工具和支付系统实现的资金跨国和跨地区转移的行为；跨境支付包括跨境网络消费、跨境转账支付和境外线下消费；跨境支付业务由于受到诸如政策法规、社会环境、市场环境以及用户使用习惯等多重因素的制约，目前市场尚处于发展初期。①

① 郭薇，朱瑞庭．我国跨境B2C电子商务的制约因素及对策研究［J］．电子商务，2015（08）．

4.3.2 P2P 网络借贷

P2P 模式是现今互联网金融发展最快的商业模式，也是迄今为止和传统金融模式最为类似的网络金融创新。

自 2013 年以来，我国 P2P 网络借贷互联网金融模式发展迅速，但是，P2P 网络借贷互联网金融发展过程中，受到其客观条件和主观条件的制约，发展过程具有很大的波动性。这种波动与 P2P 网络借贷模式的特性密切相关。在我国，P2P 网络借贷平台迅猛发展，P2P 平台数量从 2011 年的 214 家增加到 2014 年的 1544 家。2014 年，活跃用户已达到 327.5 万人，同比增长高达 565.6%。借贷交易规模达 2514.7 亿元，同比增长 157.8%。

2007 年 8 月，我国第一家 P2P 网贷平台——拍拍贷成立，初期仅起到信息中介的作用，不参与线下运营。2007 年 10 月，宜信网贷平台上线。2011 年，平安集团投资四亿元，成立上海陆家嘴国际金融资产交易市场股份有限公司（简称“陆金所”）。目前，国内较为知名的有宜信、人人贷、拍拍贷、红岭创投、E 速贷、盛融在线等平台，并已初步形成差异化发展的格局。

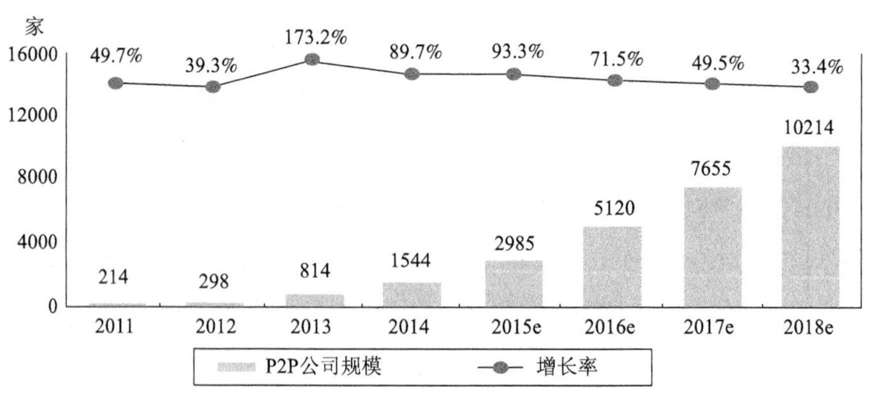

图 4－7　我国 P2P 网络借贷发展情况

资料来源：艾瑞咨询

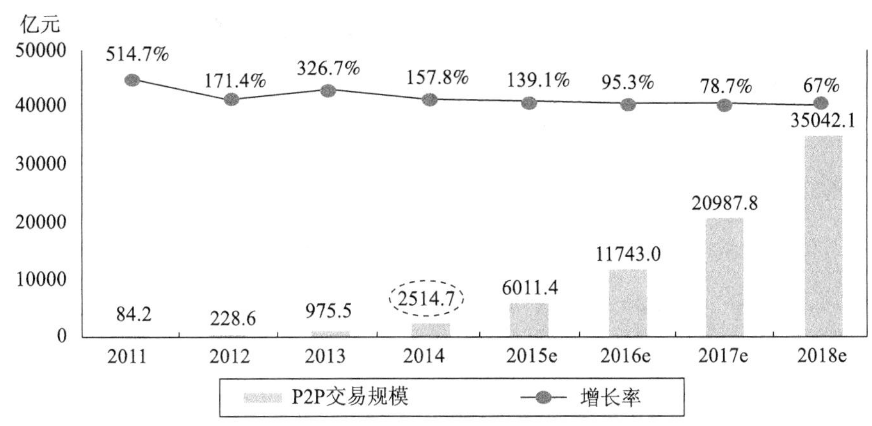

图 4-8 我国 P2P 借贷交易规模

资料来源：艾瑞咨询

拍拍贷的运作模式属于典型的 P2P 借贷模式，平台主要发挥信息中介的作用。

资金需求方在平台上发布资金需求信息，众多资金供给方依据资金需求方发布的各项信息与其信用状况来决定是否出借资金。借款利率由双方根据资金市场的供需情况决定，拍拍贷仅设置了最高利率水平。在拍拍贷的主要收入来源是服务中介费，一般为成交金额的 2% ~4% 。拍拍贷审核方式基本以线上审核为主，审查用户在线上提交的书面资料与信用报告。当前信用环境不完善的情况下，这种仅根据借款人提供的各项信息进行线上审查的 P2P 模式，存在较大的风险。拍拍贷积极参与对不良贷款的处理，积极为资金出借方提供法律支持。资金出借方可以借助法律手段或委托催收公司速回自己的资金。

宜信的主要模式为债权转让交易模式，先放款给需要资金的用户，然后把获得的债权拆分为类似固定收益的理财产品，并向用户出售。宜信的审核方式是线下审核，它在全国各地设有实体门店，其收入来源主要是服务费，具体包括债权转让费、风险金，以及资金供给方收益率与资金需求方借款利率差额。对于不良贷款的处理，宜信一般通过电话短信提醒、上门拜访、法律诉讼等多种方式进行。而债权人可以与宜信共同配合，拥有追回本息及罚息、滞纳金的权利。同时，宜信能够借助其建立的风险备付金进行代偿部分债权人的损失。宜信根据我国 P2P 行业的实际发展情况，采取线下的放款审核，这对债券进行了保护。而还款风险备付金制度的建立，有效降低债权人的风险，保障了债权人的本息。

陆金所旗下的 P2P，是一家具有传统金融基因的 P2P 平台。类似宜信，陆金所 P2P 采用债权转让为主要交易模式，不过与之不同的是，引入了平安集团旗下的担保公司进行担保。一旦借款出现逾期，担保供给将为债权人提供全额代偿。对于出借人来说，资金安全程度较高。陆金所模式的优点主要有：一是在线下，与平安银行的各种业务、小额贷款、担保公司、信用保证保险等密切结合，在营销、运营、风控等方面具有多种手段。二是在线上做成标准化、担保本息的固定利率和期限的产品。这类产品由于利率较高，具备担保，对客户具有较大吸引力。有利于快速做大规模，并积累客户数据。但在目前，由于市场环境变化，陆金所旗下 P2P 已准备逐步取消担保并从陆金所剥离，并入“平安普惠金融”业务集群中。

表 4 – 5　国内主要 P2P 平台 2015 年前半年成交情况

名称	成交量（万）	投资人数	借款人数	利率（%）	平均借款期限（月）
红岭创投	3862759.43	405124	34434	12.86	3.98
陆金所	801834.74	7090	194204	8.04	28.93
微贷网	603213.33	126880	88230	14.28	2.31
投哪网	397289.13	167324	23371	11.97	2.57
宜人贷	394403.52	234200	64838	11.85	36.19
积木盒子	393054.58	196335	31527	9.56	5.45
有利网	344459.04	224288	10022	9.63	9.60
人人贷	319568.9	285367	52676	12.06	29.86
开鑫贷	258292	14231	915	8.84	6.96
拍拍贷	130782.7	144078	232925	13.52	8.03

数据来源：网贷之家。

4.3.3 众筹

近年来，我国众筹融资平台飞速发展，但是与国外不同的是，我国的众筹融资平台越来越多的脱离了分享式、团购式的融资方式，而更多的呈现出网络条件下的风险投资特征，而这对现有的金融秩序提出挑战。

2014 年是我国的众筹元年，众筹产业开始进入快速发展轨道。数据显示，截至 2015 年年底，我国正常运营的众筹平台总数量已经达到 231 家，其中 53 家于 2015 年成立。目前，正常运营的众筹平台中，股权类众筹平台数量最多，达 121 家，占全国总运营平台数量的 39.93%，其次为产品众筹平台为 104 家，纯公益众筹平台最少，仅有五家。全年众筹行业共成功筹资 114.24 亿元，历史累计成功筹资金额近 140 亿元。

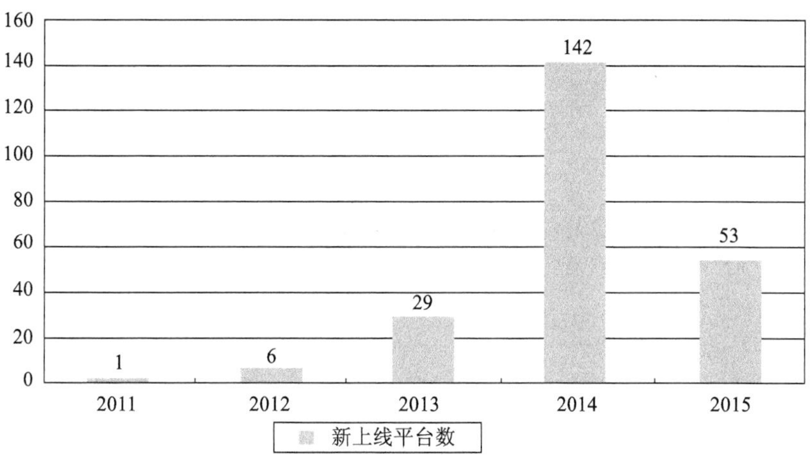

图 4－9 我国众筹平台规模

资料来源：中研科华

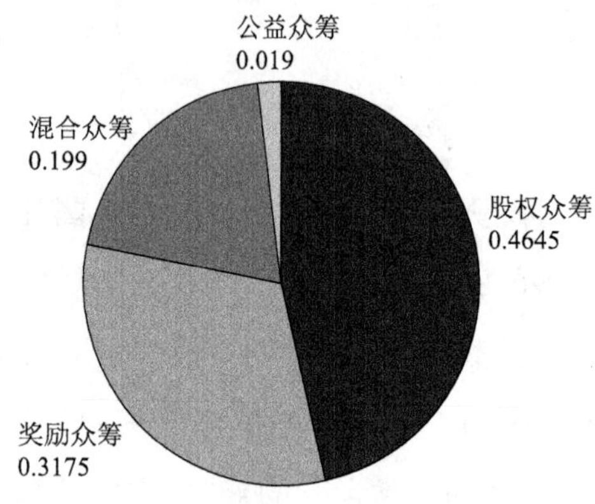

图4－10 我国各类型众筹平台占比

资料来源：中研科华

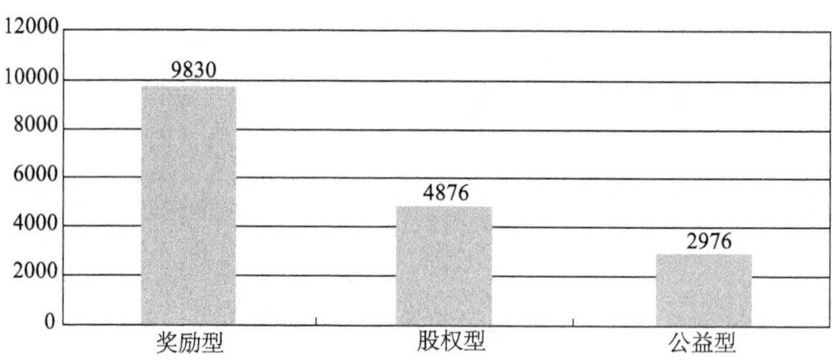

图4－11 我国各类型众筹平台项目总数

资料来源：中研科华

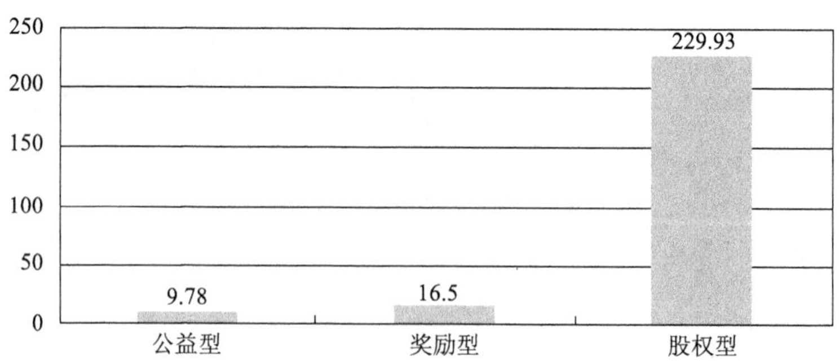

图4－12 我国各类型众筹项目融资目标金额

我国较为知名的众筹平台主要包括京东众筹、众筹网、点名时间、淘宝众筹和追梦网五家。

点名时间于2011年7月成立，是我国第一个众筹平台，也是国内最早做智能硬件众筹的平台。在2014年之前，点名时间一直稳坐国内众筹市场的头把交椅。2014年4月，在京东和淘宝纷纷打算推出“众筹”平台时，宣布放弃“众筹”转型为电商化的智能硬件限时抢购平台。2015年8月，借其发起的第五届创新趋势大会宣布重回众筹轨道，并指出，在产品的原型和试模阶段，点名时间有办法和Kickstarter及Indiegogo一样开启项目众筹，而不是像京东及淘宝众筹，更偏重于产品的首发预热及预售。①

表4－6　点名时间的运作方式与传统股权投资机构有较大差异

涉及方面	描述	评述
动作模式	实名认证；每个项目都有目标金额和时间限制，项目必须在发起人预设的时间内大道或超过目标金额才算成功。没有达到目标的项目，支持款项将剑客退给所有支持者	实名认证起到了见证作用，减少了网上的信息不对称；动作机制体现了对项目发起者有较强的活动能力要求（把我目标金额和时间限制）。
支持方式	不收取手续费	减少了交易费用
资金成本	项目发起人在接受支持的同时给与支持者一定的回报（可以是实物，也可以是非实物，但不能涉及资金或股权）作为感谢	一方面体现了公益属性；另一方面通过赠与体现了隐形的融资成本，但赠与由发起人制定，资金成本相对不高

资料来源：wind资讯

京东众筹于2014年7月1日成立，发展重点主要在产品众筹、股权众筹和轻众筹三个方向，目前已居行业第一，持续获得了超过50%的市场份额。产品众筹方面，京东众筹依托京东商城强大的客流量和品牌信誉、智能硬件与流行文化的精准定位、极有噱头的市场宣传活动，吸引了大量的众筹用户。例如，2014年9月，“三个爸爸”儿童专用空气净化器在京东

① 李奇泽，张铁刚，何长松.P2P借贷模式的发展及商业银行的应对策略［J］.海内与海外，2013（11）.

众筹上获得了1122万元的众筹资金，超过原设50万众筹目标一千多万。股权众筹方面，2015年3月，京东推出股权众筹平台，采取“领投加跟投”的模式，帮助创业企业解决融资难的问题。在法律环境允许下，帮助更多人分享风险投资收益。在领头人的门槛设定上，京东的要求为至少满足以下其一：收入不低于30万元；金融机构专业人士；金融资产100万元以上；专业VC。轻众筹则是指众筹项目相对轻量，大多聚焦在日常生活领域，是发起人的一个小愿望，比如一次聚会、一个生日礼物等。

淘宝众筹于2014年3月1日成立，目前已整合淘宝、天猫电器城、智能云以及阿里内部的天使基金湖畔山南、云峰基金等资本方。淘宝众筹侧重于商品众筹，对于债券和股权众筹尚未涉及。项目来源主要为项目方自主申请、淘宝众筹团队主动商务拓展以及合作伙伴推荐三种方式。目前，淘宝众筹上线项目已经超过2000个，累计众筹金额超过六亿元。其中，科技类项目是淘宝中众筹的主要业务，筹资占比接近90%，数量占比为40%。

此外，2015年来，工信部旗下“创客中国”的上线，蚂蚁金服旗下“蚂蚁达客”股权众筹的即将上线，这都为众筹市场的发展增添了新的活力。

4.3.4 互联网理财

2015年，中国互联网理财市场规模接近两万亿元，其中支付宝等“宝”类产品年末净值一万亿以上，P2P借贷年末理财余额在5000亿元以上，互联网保险保费收入为2234亿元，产品众筹累计支持总额约为30亿元。尽管互联网理财市场规模占个人理财整体市场规模的5%左右，但其参与人数却达到约三亿人。2015年中国个人理财市场基本规模在40~50万亿元之间，理财人规模约在4~5亿人，理财人人均理财规模约在10万元左右。

当前中国互联网理财市场存在较严重的同质化情况，异常激烈的竞争正在推高行业整体运营成本，未来理财机构要培养用户的忠诚度和黏性，必须提供个性化服务。2013 年，余额宝出现，许多人将那一年视为互联网理财在中国真正兴起的一年。之后，互联网理财市场蓬勃发展，逐渐形成综合性理财平台。综合性理财平台的特点是提供的资产品类较多，包括债权、基金、保险等；产品类型丰富，包括活期、定期理财产品；服务渠道多样，包括用户自助服务、机器人投顾服务、人工顾问服务等。截至 2015 年年底，在主流综合性理财平台中，创业公司背景的机构占比 29%，其次是 P2P 公司和互联网公司。

国内的互联网理财平台以销售货币基金形式为主。其中，由天弘基金和支付宝联合打造的余额宝为最典型代表。余额宝于 2013 年 6 月 17 日正式上线，其实质就是将基金公司的基金直销系统内置到支付宝网站中。截止到 2015 年年底，余额宝规模增至 6207 亿元，2015 年全年为用户创造收益 231 亿元。

在互联网理财大潮的推动下，很多商业银行也启动了货币基金 T+0 业务。自 2013 年年末开始，平安银行推出“平安盈”货币基金产品，浦发银行推出“天天盈”业务，交通银行推出“货币基金实时提现”业务，工商银行联合工银瑞信推出“天天益”业务。此外，部分商业银行还推出了直销银行互联网开放平台，以互联网的模式销售货币基金和银行理财产品。

表 4-7　互联网公司推出的货币基金产品

产品	推出时间	合作基金	门槛	特征
余额宝	2013.6	天弘增利宝货币基金	1 元	赎回资金可实时转到支付宝。转银行账户对于少数卡可实时到账，手机端 2 小时到账，电脑端一般次日到账
理财通	2014.1	华夏财富宝货币基金	0.01 元	仅限于微信平台，赎回资金 2 小时到账
苏宁零钱宝	2014.1	广发、汇添富基金	1 元	赎回资金可实时转到易付宝。转银行账户 2 小时到账
百度百赚	2013.1	华夏现金增利货币 E	1 元	最快可 1 秒到账

表 4－8　商业银行推出的货币基金产品

银行	产品	推出时间	合作基金	门槛	特征
工商银行	天天益	2014.1	工银瑞信货币市场基金	1 元	赎回资金 T+0 实时到账
广发银行	智能金账户	2013.7	易方达货币市场基金	100 元	设置留存现金额度后，可以自动申购货币基金。赎回资金一般 T+2 到账
交通银行	快溢通	2013.7	易方达、南方基金、鹏华基金等	100 元	设置留存现金额度后，可以自动申购货币基金。赎回资金 T+0 实时到账
平安银行	平安盈	2013.11	南方现金增利基金、平安大华日增利货币基金	0.01 元	赎回资金 T+0 实时到账，基金资金可直接用于信用卡支付

4.3.5　互联网征信

近年来，我国互联网信用的发展取得了较大进步，整体互联网信用水平明显提升。阿里巴巴、淘宝、拍拍、慧聪网等均大力完善其信用体系，京东、当当、携程均提升了网购的诚信度。

2015 年 1 月，中国人民银行印发《关于做好个人征信业务准备工作的通知》，要求芝麻信用管理有限公司、腾讯征信有限公司等八家机构做好个人征信业务的准备工作，个人征信业务进入市场化运作阶段。[①] 对于人民银行的此种行为，普遍的观点认为，将个人征信向民间开放，尤其是向具有互联网背景的公司开放，能够体现个人征信的多维度，互联网个人征信的发展能够有效弥补人民银行征信中心的不足。芝麻信用是独立的非银信用评估及信用管理机构，隶属于阿里巴巴集团旗下。它依据方方面面的信息，运用大数据、互联网技术来客观地评价每个人的信用状况，通过连接各种服务，让每个人都能体验信用所带来的价值。

① 欧阳吉，王珂，张娜．大数据正给你的信用打分［J］．人民日报，2015，1.

截至 2015 年年底，我国人民银行征信系统共收录近 2000 万户企业及组织和 8.5 亿自然人的信息。在 8.5 亿自然人的中，有征信记录的约为 3.2 亿人，占比仅为 37.6%，与美国征信体系 85% 的自然人覆盖率相比差距较大。我国人民银行征信记录中个人的信用信息主要来自于金融机构、小额贷款公司等信贷领域，使用范围主要局限于买房、买车、申请信用卡等领域。依据人民银行的个人信用报告，想租车不交押金、网购赊账是无法实现的。互联网信用在一定程度上是人民银行征信的有效补充，主要是覆盖人群的补充、数据指标的补充及应用范围的补充。芝麻信用可以利用个人在社交网站、电子商务及网络理财上的各种表现为其打分，这拓展了征信的金融交易范围，扩大了数据来源。由于数据来源得到了扩大，芝麻信用公司能够覆盖到传统征信所不能覆盖的人群，如：个人信用记录空白的人、流动人群、农村居民等。芝麻信用通过分析这类人群在互联网上留下的痕迹，使用大数据技术对其进行评分。

4.3.5.1 数据来源

互联网信用公司信用数据来源更为广泛、种类更丰富、时效性也比较强。芝麻信用认为人们在互联网上留下的任何痕迹都与其信用密切相关，有点类似于“ZestFinance 的一些轨迹都是信息”的观点。芝麻信用认为人们在互联网上长期活动的痕迹，能够较好地反映出其心理特征、性格特征，这些对于全面判断其信用状况很有帮助。芝麻信用数据来源主要有三部分，见图 4－13。第一部分来源于阿里巴巴集团的电商数据和蚂蚁金融服务集团的互联网金融数据，这是最为核心的数据，如：用户在阿里小贷、淘宝、天猫的交易数据。第二部分来源于众多公共机构与合作机构，公共机构如：公安、工商、税务、移动；合作机构如：金融机构、同业征信等。第三部分来源于芝麻信用开辟的各类渠道允许用户主动提交各类信用相关信息。

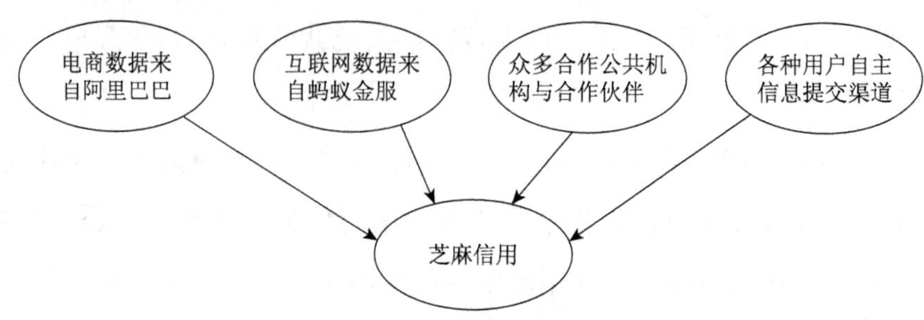

图 4－13　芝麻信用的数据来源

4.3.5.2　评分指标与评分模型

芝麻信用分是芝麻信用公司对大量的信息数据进行综合处理和评估得出的，其指标体系见图 4－14。

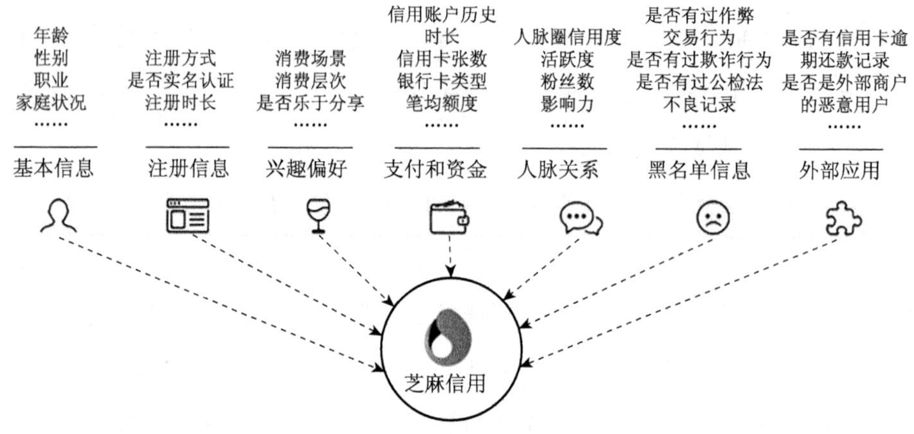

图 4－14　芝麻信用分指标体系

芝麻信用评分模型将指标体系分为五个维度，分别为用户信用历史、行为偏好、履约能力、身份特征、人脉关系，见图 4－15。

信用历史指的是用户信用卡还款历史记录，还贷还款记录，水、电、煤缴费记录等，在五维度中的占比为 35%。行为偏好指的是用户活跃度、消费层次、缴费层次、消费偏好，占比为 25%。履约能力值得是用户支付账户余额状况、余额宝状况、车产信息、房产信息等，占比为 20%。身份特征指的是用户公安实名认证情况、身份信息稳定性情况等，占比为 15%。人脉关系值得是用户关系圈、朋友圈信用水平、社交影响力等，占比为 5%。

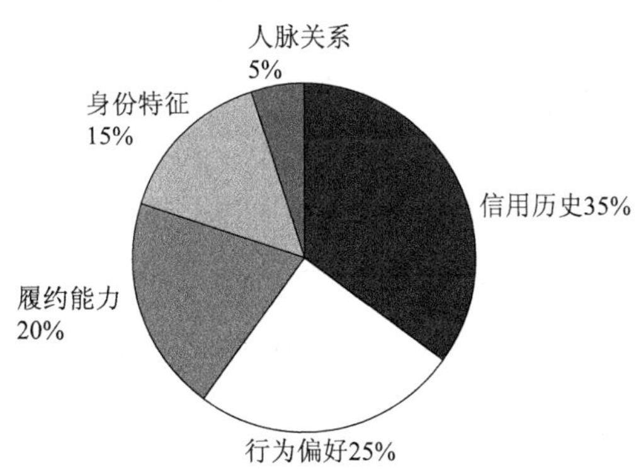

图 4-15　芝麻信用分模型

4.3.5.3　芝麻信用分评分区间

芝麻信用的评分区间为 350 ~ 950 分，分数越高，违约率越低。其中 700 分以上，就表明用户信用状况极好；650 ~ 700 分，表明用户信用状况优秀；600 ~ 650 分，表明用户信用状况良好；550 ~ 600 分，表明用户信用状况中等；350 ~ 550 分，表明用户信用状况较差。

5 互联网金融与商业银行的竞合机理分析

互联网金融已经成为当前金融业发展的大背景，商业银行只有积极融入互联网，创新业务发展，改变业务流程等，才能合理应对互联网金融的冲击，并与互联网金融融为一体。

5.1 互联网金融竞争态势

伴随互联网技术的日臻成熟，互联网金融迅速发展崛起，对日常生活产生重大影响，在效率和成本方面对以商业银行为代表的传统金融构成重大挑战和竞争。互联网金融降低信息不对称程度，降低交易成本，支付快捷高效；商业银行和投资银行的等传统金融机构的中介作用下降。互联网金融逐渐涉足商业银行的传统核心业务，给商业银行带来猛烈冲击和生存危机感。互联网金融对传统金融的影响和变革表现在以下几个方面。一是互联网金融面对客户的服务网点是虚拟的网络，客户倾向于在虚拟网络和传统商业银行的物理网点之间选择适合自己的服务终端，接触和服务客户的渠道逐步虚拟化，以上这些因素都迫使金融机构实现互联网化。二是互联网技术的智能性和精准性对传统金融由大体量带来的高利润空间构成重大威胁。互联网金融的普惠性体现在其服务对象和业务范围没有特定边界，互联网金融在平台开放和交互式营销方面更注重客户的体验，公众可以获得更高效快捷的服务。三是电子商务环境的改善和提高，支付场景的多元化以及金融创新的不断加强使得互联网第三方支付快速增长。互联网技术的发展改变了公众依赖商业银行实现债权债务清偿过程中时间和空间上的限制，对商业银行的中介服务有冲击。

5.1.1 互联网金融发展规律及趋势分析

5.1.1.1 互联网金融是构筑一国金融核心竞争力的关键

互联网金融将互联网技术与传统金融实现融合，一方面利用大数据，云计算技术降低交易成本，减少信息不对称；另一方面以互联网技术对金融产品和服务进行创新，提高资源配置效率，扩大服务种类和服务范围，这种新型金融产品要求监管当局的监管水平的提高。从战略层面考虑，互联网金融的创新和国际化能够提高一国国家金融的综合实力和核心竞争力，应当引起国家的重视，并且给予足够的支持和帮助，为我国的强国之路打好金融基础。

5.1.1.2 监管互联网金融的安全与效率，做好风险防范工作

美国金融监管当局的主要关注点是行为，对各机构的业务行为进行监督和执行相关法律操作，一般不过多关注金融机构的性质。

5.1.1.3 互联网金融的发展是有边界，不会无限增长

我们可以从经营成本、客户群特质和传统金融与互联网金融的市场占有率三方面入手分析。

从长期看，互联网金融发展的成本会越来越高。从系统维护的角度看，互联网金融企业需要在新技术发展、信息安全保障和计算设备、存储计算设备等方面投入大量资金，给予保障，随着信息系统的升级换代，上述维护成本也会增加。以上是从物的角度考虑，在人力资源成本方面，互

联网金融业务的开展离不开系统架构设计、数据库开发、软件设计开发、用户界面设计、金融产品开发定价、风险控制、信息安全管理、市场营销等多个领域，而且各个领域的专业人才需要深层次地沟通与整合，因此互联网金融的人力资源成本往往远高于其他行业。①

互联网现在或未来会极大改变传统金融的运行模式，比如金融服务渠道的互联网化和基于互联网的创新金融服务等，对金融构成五要素（对象、方式、机构、市场及制度和调控机制）进行重塑，但是不会改变金融的核心特征（货币流通、信用、持续效用），互联网金融遵守的还是金融规则。② 如表 5－1、5－2 所示。

表 5－1　互联网引入重塑金融五要素

金融对象	可无实际货币资金的流通
金融方式	异于商业银行间接融资及资本市场直接融资。新模式下，支付便捷，市场信息不对称程度非常低，资金供求方在资金期限匹配、风险分担上成本非常低，可以直接交易，金融中介不起作用，贷款、股票、债券等发行交易及券款支付直接在网上进行
金融机构	不需要，供求方直接交易
金融市场	充分有效，接近无金融中介状态
制度和调控机制	针对现有金融机构的审慎监管不存在，以行为监督和金融消费者保护为主

资料来源：wind 资讯

表 5－2　互联网倒逼金融转变

	传统金融	互联网金融
信息处理	困难、成本很高	容易、成本很低
风险评估	信息不对称	数据丰富、完整、信息对称
资金供求	通过银行、券商等中介实现期限、数量匹配	完全可以自行解决

① 黄旭，兰秋颖，谢尔曼．互联网金融发展解析及竞争推演［J］．金融论坛，2013（12）．

② 陈明昭．互联网金融的主要模式及对商业银行发展的影响分析［J］．经济研究导刊，2013（11）．

续表

	传统金融	互联网金融
支付	通过银行支付	超级集中支付系统和个体移动支付的统一
供求方	间接交易	直接交易
产品	需要设计复杂风险对冲	简单化（风险对冲需求减少）
成本	交易成本极高	金融市场运行互联网化，交易成本较少

来源：wind 资讯

5.1.2 互联网金融竞争态势的静态与动态分析

在宏观经济放缓、利率市场化、规模借贷需求减少、金融脱媒持续的大背景下，经营转型已经成为商业银行的一项十分迫切的任务，而经营转型的一个重要方向，就是利用互联网技术降低运营成本、提高产品和服务的效能、改善客户体验，于是银行电商、银行 P2P、银行版快捷支付、余额理财等产品纷纷面市，欲与互联网企业一分高下。①

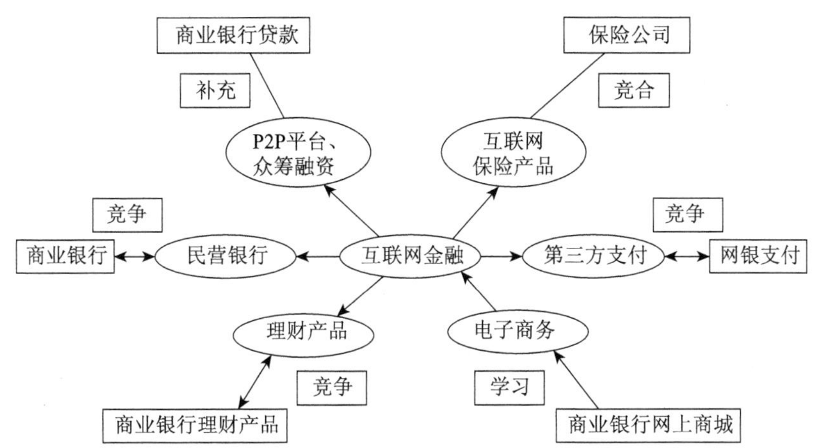

图 5－1　互联网金融多样化业务结构与商业银行的竞合关系

资料来源：wind 资讯

① 黄旭，兰秋颖，谢尔曼．互联网金融发展解析及竞争推演［J］．金融论坛，2013（12）.

互联网金融与传统银行分别利用信息数据优势和信用优势发展各自优势业务，既有竞争又有合作。从当前竞争形势来看，银行与网贷平台竞争贷款客户过程中优势明显，互联网金融在第三方支付平台、理财平台以及综合平台方面拥有优势。如表 5－3 所示。

表 5－3　互联网金融与传统银行在竞争中有合作

<table>
<tr><th colspan="2"></th><th>支付平台</th><th>网袋平台</th><th>理财平台</th><th>综合平台</th></tr>
<tr><td rowspan="2">银行影响</td><td>收入端</td><td>支付结算、转账汇款、代扣代缴等手续费收入下降</td><td>通过合作可提高银行贷款收益水平</td><td>代销业务手续费收入下降；支付结算手续费收入有所上升</td><td>理财业务手续费收入下降</td></tr>
<tr><td>成本端</td><td>个人活期存款转移，部分活期存款转为定期</td><td>个人定期存款、理财资金少量流失</td><td>个人存款及理财资金的少量流失</td><td>个人存款、理财资金流失</td></tr>
<tr><td rowspan="3">当前竞争形势</td><td>优势</td><td>用户范围广，公信力较强，不受额度限制</td><td>贷款利率低</td><td>安全性好</td><td>存款及银行理财无风险、多币种</td></tr>
<tr><td>劣势</td><td>资金流缓慢、费率、门款较高，创新能力较弱</td><td>门槛高、额度大、期限单一、审评繁琐</td><td>申购费高、认购门槛高、赎回慢、产品多样性少、交易便捷性低</td><td>收益低，银行理财门槛高，期限少</td></tr>
<tr><td>地位</td><td>对零售客户优势较少</td><td>互补而非竞争关系</td><td>竞争劣势明显</td><td>竞争优势分明</td></tr>
</table>

资料来源：wind 资讯

收入端。通过分析，我们认为受互联网金融冲击最大的主要为银行支付结算、银行卡、代理业务、理财业务等手续费及佣金收入。

成本端。分流资金提高成本。通过分析，我们认为银行个人客户的全部负债均有遭受潜在冲击可能，包括个人活期存款、个人定期存款及个人理财资金。

竞争形势。双方各有优势业务。互联网金融与传统银行分别利用信息数据优势和信用优势发展各自优势业务，既有竞争又有合作。

从未来竞争格局上看，银行与网贷平台以合作和互补为主，与第三方理财平台则保持着竞争与合作并存的局面，而在支付平台、综合产品的较量中则以竞争为主、合作为次，竞争中银行与互联网公司都具备各自的优势业务和优势客户。如表5－4所示。

表5－4　未来互联网金融与传统银行在竞争中有合作

<table>
<tr><td rowspan="4">未来竞争格局</td><td>应对措施</td><td>追随战略，升级电子银行、自建电子商务平台；合作战略，与第三方电商平台及支付企业的合作</td><td>升级系统，有能力实现审评、放款、还款自动化；客户下沉，增加消费贷和小微贷</td><td>降低代销费率，升级系统缩短赎回时间，自建综合理财网销平台</td><td>提高利率、降低投资门槛、力推开放式理财产品</td></tr>
<tr><td>竞争类型</td><td>竞争为主</td><td>竞争为次，以合作和互补为主</td><td>竞争和合作兼有</td><td>竞争为主</td></tr>
<tr><td>银行优势业务</td><td>B2B支付、大额转账、中老年客户</td><td>贷款给自信较优的客户</td><td>网银、手机银行上的代销</td><td>低风险偏好的个人客户理财、企业理财</td></tr>
<tr><td>互联网优势业务</td><td>B2C及C2C支付、小额转账、年轻客户</td><td>贷款给资信较差的客户，并为银行提供数据支持</td><td>提供电商平台，多方代销或直销</td><td>较高风险偏好的个人客户理财，年轻客户理财</td></tr>
</table>

资料来源：wind资讯

5.2　商业银行传统业务与互联网金融关系

5.2.1　互联网金融的三个发展层次

从互联网金融发展的历程，从其覆盖的深度与广度上，我们归纳出其经历了三个层次，层次一和层次二仅是对商业银行业务的拓展和优化，层次三则完全是对商业银行业务的颠覆和再造，如表5－5所示。

表 5－5 互联网金融的三个层次

互联网金融内容	对传统金融基本功能的影响	代表	依托	进展情况
拓展网络渠道	交易、支付、理财等业务有效整合，属于金融电子化范畴	华创证券、方正证券开办网络商城；国泰君安证券设立网络金融部；雪球网投资咨询功能的发展；基于余额宝进行理财产品销售	渠道拓展	商业模式相对成熟
运用大数据技术	通过信息优势实现融资功能的完善，补充现有金融体系	阿里巴巴金融等网上小额信贷机构	数据存储和分析的创新	试点中，有较多成熟案例
虚拟信用平台	投资与融资功能的革新，并最终影响资源配置，属于电子金融化范畴	Pros、Facebook、点名时间等社区金融等 P2P 平台；以比特币为首的互联网货币	信用平台创新	萌芽中

资料来源：国泰君安证券

层次一，拓展网络渠道。互联网金融并不受时空的约束，带动了虚拟金融市场的发展。可以说，只要存在网络和通信的地方，互联网都能够覆盖到，能够在任何时间、任何地方以任何方式提供金融服务。互联网金融不断拓展网络渠道，不断涉足商业银行部分业务，具有了支付、信贷与理财等功能，能为客户提供一揽子金融规划。

层次二，运用大数据技术。互联网金融纷纷运用大数据技术，依据客户在互联网上留下的痕迹，分析出客户的行为习惯，判断出其信用状况，并开发出更贴近客户的金融产品，提供更个人化的金融服务。目前，互联网金融满足了草根阶层的金融服务，主要服务于中等与中下等收入群体。未来，互联网金融能够充分发挥自身优势，运用大数据技术，提高更高端的金融服务。如图 5－2 所示。

层次三，虚拟信用平台。互联网金融正在不断对商业银行进行颠覆，实现了新的金融生态圈。互联网金融的颠覆作用，将会明显影响资源配置，促进金融资源实现帕累托最优。如图 5 - 3 所示。

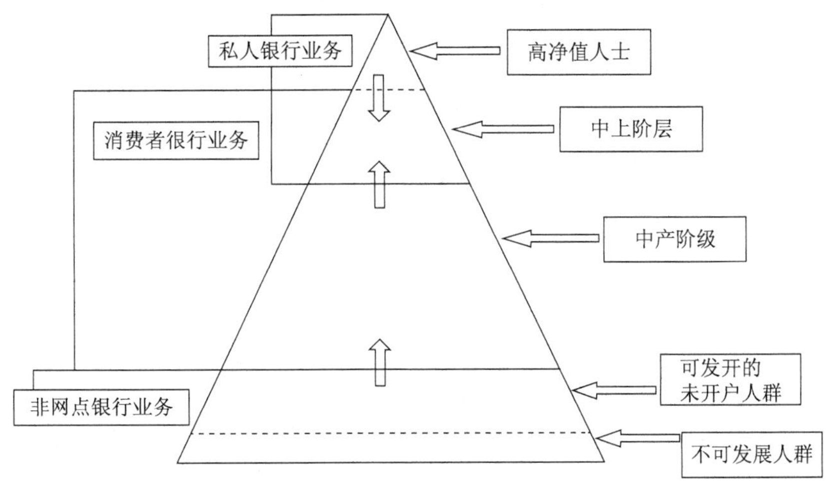

图 5 - 2　我国互联网金融服务群体

数据来源：埃森哲咨询

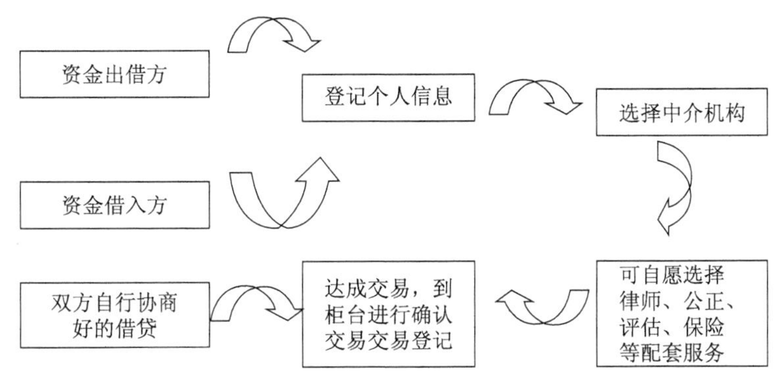

图 5 - 3　传统融资业务需要中介的媒介作用

数据来源：谢平，互联网金融模式研究.

5.2.2　商业银行与互联网金融的竞争、合作与未来

长期以来，传统金融业锁定高端市场导致低端市场的金融需求得不到满足，正规金融机构一直未能有效解决中小企业融资问题，而我国长期的

“金融压抑”现象赋予了互联网金融的发展空间。互联网金融填补了我国金融服务业的部分空白，同时也促进了中国金融业的发展，丰富了我国金融业的服务内容，互联网金融的积极意义显而易见。

互联网金融冲击最大的主要为银行支付结算、银行卡、代理业务、理财业务等手续费及佣金收入；银行个人客户的全部负债均有遭受潜在冲击可能，包括个人活期存款、个人定期存款及个人理财资金。从当前竞争形势来看，银行与网贷平台竞争贷款客户过程中优势明显，互联网金融在非银支付平台、理财平台以及综合平台方面拥有优势。如表 5－6 所示。

表 5－6　互联网金融与商业银行在竞争中有合作

		支付平台	网贷平台	理财平台	综合平台
银行影响	收入端	支付结算、转账汇款、代扣代缴等手续费收入下降	通过合作可提高银行贷款收益水平	代销业务手续费收入下降；支付结算手续费收入有所上升	理财业务手续费收入下降
	成本端	个人活期存款转移，部分活期存款转为定期	个人定期存款、理财资金少量流失	个人存款及理财资金的少量流失	个人存款、理财资金流失
当前竞争形势	优势	用户范围广，公信力较强，不受额度限制	贷款利率低	安全性好	存款及银行理财无风险、多币种
	劣势	资金流缓慢、费率、门款较高，创新能力较弱	门槛高、额度大、期限单一、审评繁琐	申购费高、认购门槛高、赎回慢、产品多样性少、交易便捷性低	收益低，银行理财门槛高，期限少
	地位	对零售客户优势较少	互补而非竞争关系	竞争劣势明显	竞争优势分明

资料来源：wind 资讯

5.2.3　互联网金融与传统金融的共生竞合

目前，互联网金融蓬勃发展，大有颠覆传统金融的趋势。然而，我们必须清楚地认识到互联网金融与传统金融各有优劣势，任何一方都无法完全替代对方。而且，商业银行正在融入互联网金融。未来，二者之间应该是共生竞合良性发展态势。

从未来竞争格局上看，银行与网贷平台以合作和互补为主，与非银理财平台则保持着竞争与合作并存的局面，而在支付平台、综合产品的较量中则以竞争为主、合作为次，竞争中银行与互联网公司都具备各自的优势业务和优势客户。如表 5－7 所示。

表 5－7　未来互联网企业与商业银行在竞争中有合作

应对措施	随战略，升级电子银行、自建电子商务平台；合作战略，与非银电商平台及支付企业的合作	升级系统，有能力实现审评、放款、还款自动化；客户下沉，增加消费贷和小微贷	降低代销费率，升级系统缩短赎回时间，自建综合理财网销平台	提高利率、降低投资门槛、力推开放式理财产品
竞争类型	竞争为主	竞争为次，以合作和互补为主	竞争和合作兼有	竞争为主
银行优势业务	B2B 支付、大额转账、中老年客户	贷款给自信较优的客户	网银、手机银行上的代销	低风险偏好的个人客户理财、企业理财
互联网优势业务	B2C 及 C2C 支付、小额转账、年轻客户	贷款给资信较差的客户，并为银行提供数据支持	提供电商平台，多方代销或直销	较高风险偏好的个人客户理财，年轻客户理财

资料来源：wind 资讯

6　互联网金融背景下商业银行发展面临的机遇与挑战

互联网金融有效地提高了金融服务效率，使国内的金融生产力有了质的提升。根据马克思主义经济学，生产力的变化必将导致生产关系发生转变，而这种转变则影响了传统金融生态的方方面面。

6.1　互联网金融对商业银行的挑战

互联网金融将改变商业银行的价值创造和价值实现方式，导致商业银行支付功能边缘化，重构已有融资格局，挑战传统的金融中介理论。[①] 商业银行是商品经济的产物，是经营存款、放款、汇兑、支付等金融业务，承担信用中介的机构。商业银行的主要职能是媒介资金的融通，目前已经受到非银支付、网络贷款平台等互联网企业的挑战，并出现逐步弱化趋势。

6.1.1　互联网金融带来金融业变革

6.1.1.1　加速金融脱媒、深化金融行业竞争

互联网金融的巨大冲击，其开发出的金融产品收益率也远高于银行存

---

① 曹少雄．商业银行建设互联网金融服务体系的思索与探讨［J］．农村金融研究，2013（05）．

款，产品创新都是侵蚀银行存款的，尤其是活期存款。传统金融业务不断实现线上发展，扩宽金融脱媒的广度，加快脱媒速度。金融业资产业务、负债业务与中间业务均发生了脱媒，互联网企业与传统金融业之间的界限变得模糊。商业银行原本是唯一的综合金融服务商，基金、信托、保险等金融产品在很大程度上都要借助商业银行渠道销售，严重依赖商业银行的渠道。这使得商业银行长期以来在金融业中一直处于主导地位，对金融业其他机构有很强的影响力和控制力。互联网金融时代改变了这种状况，互联网企业同样能够销售金融产品，并且基于其更注重客户体验和大数据分析，其在某些简单、标准化金融产品上的销售能力上的优势已经超越商业银行。这导致大量的金融产品可以直接通过互联网金融平台进行销售，完全替代了商业银行这一渠道。

6.1.1.2 推进利率市场化进程

我国“金融脱媒”现象日益严重，互联网金融产品发展较快，互联网金融产品收益与商业银行存款利率和理财产品收益相比明显较高，导致商业银行存款利率和理财产品的优势减弱，冲击其存款规模。在我国商业银行总体存款增速放缓的背景下，商业银行负债端压力增加。从我国商银行存贷比和流动性方面的分析可以看出，自 2011 年以来，存贷比有所上升，整体流动性面临压力。自 2010 年以来，我国互联网金融及理财产品持续分流银行活期存款，导致商业银行存款占比下降。

传统金融业务市场信息披露不充分、客户转移成本高，导致套利行为出现。商业银行往往借助信息不对称获得部分收入。在互联网金融时代，信息几乎是完全充分的、流动性非常迅速、竞争更加激烈，理论上同等条件下会消除金融市场上的套利机会，使得价格形成机制更好发挥作用，会推动和加快利率市场化进程。

价格倒逼机制，对于习惯于提供高端、差异化服务的金融业是一个重大变化。余额宝、活期宝的热销表面上是创新了货币基金的销售和支付方式，实质是借助互联网平台聚焦客户资金，然后对资金进行重新配置，充分利用活期储蓄存款和同业存款之间的巨大利息差异获得高收益，从而消除了这种分割市场下的资金成本差异，导致使商业银行失去在不同市场获得差异化成本资金的机会。① 原来依赖商业银行的金融机构有了更为便捷的渠道，导致其在与商业银行合作中的弱势地位转变为竞争性合作下的优势地位。

6.1.1.3 推动商业银行模式转变

互联网金融将进一步推动银行业经营理念、模式、机制创新转型。科技创新的不断涌现，除了互联网金融，大数据技术的革新，物联网金融，区块链技术，量子通信技术的快速发展，更是使得商业银行在服务模式、产品创新以及风险防控领域发生重大转变。并且，科技的进步也使得商业银行的发展不仅仅局限在运用对现有产品的改造，而是自觉运用创新思维，转变传统的经营理念、模式以及机制等，升级再造传统业务和发展新型业务并重，打造属于自身特色的创新金融模式。

6.1.2 商业银行传统业务受到冲击

互联网金融直接分流了商业银行金融产品的销售，更重要的是威胁银行对支付结算的优势地位，可能会直接动摇其中间业务基础。尽管目前互联网金融规模还不大，还不足以从根本上威胁商业银行的地位，但从长期看可能会动摇其在金融体系中的资金枢纽核心地位。

6.1.2.1 互联网金融降低交易成本

在融资过程中，一个主要的障碍是资金的供求双方无法及时有效地沟通资金供求信息；作为经济生活中最主要的金融中介，商业银行一直作为

① 李冉．商业银行互联网金融战略研究［J］．山东大学硕士论文，2014（12）.

资金供求的信息汇集中心而存在，并在长期经营中形成了信息收集和处理的规模经济效应；互联网技术的发展，尤其是脸谱类社交网络的出现，改变了信息的传递方式和传播途径，为金融交易储备了大量的信息基础。①

脸谱与 Lending Club 之间的合作取得了巨大的成功，原因在于社交平台解决了信息不对称，网络信贷平台大幅降低了交易成本，二者合作既避免了交易的信息不对称，又解决了交易成本高的问题。脸谱在充分挖掘其大量客户信息基础上，为资金供求双方提供充分的信息。Lending Club 则为资金供求双方提供交易平台，不再通过传统金融机构，完成了资金融通。这种合作，避开了金融机构这个中间环节，可能会导致贷款利率高于金融机构贷款利率。目前，脸谱的活跃用户数达到 10 亿人，已经发行了自己的货币，用户之间的数据、商品、股票、贷款、债券的发行和交易均可以通过网络处理，同时保留了完整的信用违约记录。

6.1.2.2 互联网金融冲击了商业银行的支付中介地位

商业银行作为支付服务的中介，主要是依赖于在债权债务的清偿活动中，人们在空间上的分离和在时间上的不吻合；互联网技术的发展，打破了时间与空间的限制，在相当程度上冲击着商业银行的支付中介地位。②非银支付服务内容的不断增加将影响商业银行的中间业务收入。

随着互联网技术的发展和网络购物的兴起，电子商务获得了蓬勃发展。电子商务的发展离不开相应的网络支付系统的支持，面对支付场景由原来的实体店转为网络上的虚拟店，支付渠道由银联或银行的 POS 终端转为网络支付，以物理网点和网银为主要渠道的传统商业银行支付显得力不从心；非银支付和移动支付借助具有互联网特色的灵活经营模式，为用户提供了良好的支付体验，对商业银行的传统支付产生了比较明显的替代作

---

① 韩笑. 互联网金融对传统商业银行的挑战与对策探讨 [J]. 经营管理者，2015 (03).

② 宋建华. 互联网金融时代的新市场研究 [J]. 金融论坛，2014 (07).

用。一方面，非银支付和移动支付降低了支付业务对银行分支网络的依赖，更多的时候只是涉及信息的传递，任何一台可以上网的电脑或移动终端均可随时替代银行物理网点完成支付。另一方面，非银支付和移动支付冲击了银行电子银行端。

6.1.2.3 商业银行的收入来源将受到冲击

网络借贷将影响商业银行的利差收入。虽然网络借贷兴起时间不长，但发展迅速，因其能为没有得到正规金融机构覆盖的个人或企业筹措资金，而深受草根阶层的欢迎，未来将在小微企业和个人借贷领域与银行形成竞争；未来，随着互联网技术应用的进一步深化，大公司可能也会更加依赖网络，届时面向大公司的网络借贷新模式也将顺势而生，将真正触动商业银行的奶酪，严重影响其生存。①

6.2 互联网金融为商业银行发展带来了机遇

互联网金融是一种新型金融业态，是金融体系当中一个与信息化和大数据紧密结合的全新的重要构成部分。互联网技术并非只有互联网企业可以使用，商业银行同样可以运用。互联网金融时代将推动商业银行加快战略转型，引领金融服务迈向更加智能化、人性化的崭新时代，将推动商业银行在经营理念、组织架构、管理流程、运营模式等领域进行全面调整和深度整合，以互联网企业的思维方式和理念，融入新技术、新生活和新商业模式。

6.2.1 互联网金融推动商业银行转型

互联网金融将从注重品牌塑造、抢占市场的野蛮生长进入注重价值创造的深度发展期，在监管更加规范化、底层设施逐步完善、网络金融安全

① 韩笑．互联网金融对传统商业银行的挑战与对策探讨［J］．经营管理者，2015（03）．

的重要性日益凸显的大背景下，互联网金融业务将更加理性发展，未来业务模式好、管理团队强、客户基础稳固、能够实现精细化经营和稳定盈利的互联网金融企业和金融机构将占据有利的竞争地位，银行业在互联网金融的发展中占据越来越重要的位置。

互联网已经由外而内的渗透到商业银行各个环节，将加速推进商业银行模式转型升级。

6.2.1.1 推动商业银行转变发展战略

调整战略定位。互联网金融背景下，客户的金融服务需求发生了重大变化，个性化、定制化、亲民化的需求日益占据主导地位。商业银行“以我为主”的大众化式的服务需要向“以客户为中心”转变，适时调整发展定位。商业银行有两个方面需要改进：一是从战略高度上深刻认识互联网金融发展带来的机遇与挑战，转变传统经营观念，建立融入互联网金融及应对激烈竞争的战略，加强在互联网金融领域竞争的主动权；二是充分借鉴互联网企业发展金融业务的成功经验，不断融入互联网，并发挥在支付结算、资金托管、市场交易等自身优势，提升客户服务水平。

调整信贷结构。互联网金融服务的客户均是小微企业，贷款额度一般低于 10 万元，满足微小企业对资金的需求，掠夺了商业银行的信贷资源。这是商业银行不愿意去覆盖的低端客户。然而，此类低端客户数量居多，贷款规模巨大。商业银行应该积极参与其中，与互联网企业共享信贷资源。商业银行应融入互联网企业链条中，共同打造小微企业线上融资平台，利用其完善的贷款管理体系和风控体系，借助互联网数据储存和挖掘功能，有效扩大其小微贷款的市场份额。

拓展客户群体。截至 2015 年 12 月，我国网民规模达 6.88 亿人，全年共计新增网民 3951 万人，互联网普及率为 50.3%。手机网民规模达 6.20 亿人，较 2014 年年底增加 6303 万人。网民中使用手机上网人群的占比由

2014年85.8%提升至90.1%，手机依然是拉动网民规模增长的首要设备。新网民最主要的上网设备是手机，使用率为71.5%。新网民的不断增长，让互联网与经济社会深度融合的基础更加坚实。从此可以看出，发展互联网金融能够为商业银行扩大客户基础提供重要源泉。商业银行应当运用云计算、大数据技术加强对客户信息的处理，更多掌握小企业和个人客户的经营行为和信用状况，并以客户为中心，以市场为导向，重点挖掘客户的需求，分析预测客户的喜好，满足客户个性化的服务需求。以超越传统融资方式的资源配置效率，大幅减少交易成本，下沉客户重心。

优化管理模式。互联网金融背景下，各种技术正不断融入到商业银行各类经营管理之中，并将影响其管理水平、服务能力与市场竞争力，并从根本上改变商业银行传统的经营管理模式。商业银行应积极推进互联网技术的应用，优化管理模式，构建信息化银行，打造互联网金融背景下竞争新优势。

6.2.1.2 推动商业银行转变经营模式

改进营销模式、拓展营销渠道。商业银行应当借鉴互联网企业的营销方法，拓展营销渠道；加大微信与微博营销，拓展客户来源，与客户保持畅通，及时发送最新产品、最新服务和信息。商业银行能偶运用大数据技术，提取分析客户过去消费、支付、汇划、融资、投资以及客户工作性质、生活习惯、行为特点等各类信息，进而实施精确营销。

优化渠道布局、转变服务流程。互联网金融时代，商业银行发展电子银行、促进网点转型就具备了良好的条件。通过电子银行、手机银行等渠道，弥补网点不足的缺陷，还能实现普惠性金融，覆盖对偏远区域、目标市场以及非营业时间的金融服务。互联网金融交易的便捷性，是增强客户粘性的重要因素。商业银行应优化服务流程，完善网银操作界面，简化交易步骤，为客户提供便捷服务。

6.2.1.3 推动商业银行创新发展

互联网与金融相互渗透转化，为商业银行业务创新、管理创新和产品创新创造出更多机遇、提供了更强动力。

促进商业银行业务创新。商业银行借助互联网技术，能够将传统业务融入互联网，拓展金融服务的边界和市场，通过开发有效的互联网产品与服务，激发和创造用户需求，不断改善客户体验。目前，商业银行互联网业务创新主要侧重于拓展网银功能、推广手机银行、加大移动支付和网络贷款产品开发力度、打造电子商务平台等方面。①

表6－1 商业银行的互联网金融业务创新

业务类型	业务名称	主要功能
网上银行	在线供应链融资	支持客户在线融资和还款申请，包括应收账款池融资、经销商融资、订单融资
手机银行	预约取现	通过预约手机号、预约码和随机密码在ATM上实现无卡取现
	手机转账	通过输入收款人手机号或生成二维码进行转账
	摇一摇转账	根据提示轻摇手机，完成转账支付
	移动支付	基于近场通信技术实现在支持“闪付”的POS机上“刷手机”消费
自助终端	24小时智能银行	利用远程视频和电子签名技术实现ATM的24小时发卡功能
电子商务平台	网上商城	电商模式的网上产品销售平台

促进商业银行互联网金融创新合作不断深化。互联网金融背景下，商业银行也逐步实现电子化和网络化，各类金融业态呈现竞合发展的模式。商业银行应基于自身优势，加强与互联网企业的合作，构建合作平台、深化合作内容、扩大合作范围、优化合作机制，不断深化期互联网金融业务。

① 杨飞，王雅娟．商业银行在互联网金融浪潮下的竞争策略［J］．中国银行业，2015（03）．

6.2.2 互联网金融给商业银行带来新的利润增长点

商业银行通过发展互联网金融，打造信息化银行，弥补了网点不足，覆盖了网点难以服务的群体，能够有效降低营运成本，增加非利息收入，成为实现可持续发展的重要引擎。

6.2.2.1 降低营运成本

商业银行网点众多，但仍有部分区域难以覆盖。尤其是众多中小银行，覆盖范围更是有限。客户办理业务跑来跑去，既增加了成本，又浪费了时间。互联网金融时代，商业银行众多业务也可以通过网上进行办理，客户在家里就可以通过网络操作绝大多数业务，这对于缺少网点的中小银行而言，既弥补了网点不足的劣势，也节省了营业场所、人员、运行维护等方面的大量开支。商业银行物理网点的正常运转需要投入大量的人力、物力、财力，在柜台办理一笔业务的平均成本约为通过电子渠道办理业务成本的10倍甚至更高。同时，商业银行在进行信贷投放时，资金供求双方能够通过互联网进行信息交流。商业银行能够通过大数据分析、技术分析确定客户信用等级和并把控风险，这与传统方式相比也节省了部分费用。

6.2.2.2 增加商业银行的中间收入

我国商业银行重要的收入来源是利差，这与国际大型相比明显不同。随着利率市场化推进、金融脱媒日益严重等，商业银行利差将会明显收窄，逐步走向依赖中间收入的未来。比如：美国商业银行的中间业务收入占全部收入的比重，由80年代的30%上升到1998年的40%，再到现在的50%多；日本、英国等发达国家，商业银行的中间业务收入占营业收入的比重也已经接近一半。

在互联网金融背景下，为我国商业银行中间收入的增长提供有效手段。商业银行无论是自己着手发展互联网金融业务，还是选择与互联网企业合作发展互联网金融业务，都会突破其传统业务的限制，在相对短的时间内聚集大量客户，迅速做大中间业务。

6.3 商业银行发展互联网金融的优势

互联网金融时代，商业银行仍然占据着发展的绝对优势。其发展几十年积累的众多优势，仍能发挥重要作用。

6.3.1 法律赋予的吸收存款职能

《商业银行法》第十一条规定：未经国务院银行业监督管理机构批准，任何单位和个人不得从事吸收公众存款等商业银行业务，任何单位不得在名称中使用“银行”字样。这表明，吸收存款是商业银行法律赋予的职能，这是商业银行与其他机构与个人相比最大的优势。在金融体系运行中，吸收存款是经营活动的起点和终点，是金融机构进行投融资的前提。其他机构和个人因为受限不能吸收存款，其多数资金还是来自于商业银行。因此，即使在互联网金融背景下，商业银行仍是社会经济活动中资金供给主体，其他互联网企业仍要依附于商业银行。同时，商业银行经营了几十年，在国内树立了良好的品牌形象，赢得了客户的信赖和尊敬。存款保险制度建立后，其实是相当于对客户在商业银行的存款又多了一层保护。因而，客户处于其长期以来的习惯，还是比较愿意将存款放在商业银行，即使失去了部分收益。

6.3.2 资金规模庞大

截至 2015 年年末，银行业资产总额 194.2 万亿元，比 2010 年年末增长1.1倍；各项贷款余额98.1万亿元，比2010年年末增长95%。商业银行庞大的资金规模能够为其进行互联网产品创新、技术升级等提供足够的资金支持。为了应对互联网金融的挑战，商业银行不断进行科技创新，在积极发展电子银行的基础上，主动融入互联网金融领域。如：工商银行正加快形成在新业态新领域中的优势。工商银行深入推动互联网金融业务发展，继续做强融e购、融e行、融e联三大平台和互联网支付、融资、投资理财三大产品线，巩固其在互联网金融领域的同业领先地位。充分利用互联网平台，推进以客户为中心的业务流程和管理方式改革，着力构建新型客户关系。加快大数据在经营管理中的运用，建立客户导向下的高度聚合的信息体系。大力推进网点标准化、智能化转型，不断拓宽线上线下渠道的联接通道，全力打造线上线下一体化的新型渠道格局。

6.3.3 风险防控能力强

金融业是高风险行业，风险处处存在，风险管理贯穿经营全部过程。商业银行经过几十年的发展，已经建立了完善的风险预警与管理体系，并在经营中不管优化风险管理流程，风险管控指标体系。因此，商业银行能够从容应对经营中出现的信用风险、市场风险、操作风险、流动性风险、法律风险等各类风险。

互联网企业是最近几年才突然发展壮大与爆发的，风险管理体系尚未健全，甚至并未建立起来，客户资金出现问题是常态。互联网企业积累大量的客户群体，拥有其众多身份信息，还掌握了部分银行卡有关的信息。然而，互联网企业风控体系多数并不健全，对客户隐私的保护明显不足，导致经常出现客户信息暴露行为的发生。

7 互联网金融对商业银行具体业务影响分析

我国基本形成了以银行业为主导，支持实体经济发展的多层次、多渠道金融发展模式，但银行业在资源配置结构和金融服务效率方面还存在不足。特别是近年来互联网金融的飞速发展，对银行业发展造成很大冲击和压力。

7.1 对商业银行中介类业务的影响

现有的直接融资渠道有限，难以满足中小型金融客户直接融资的需求，随着互联网金融非银支付业务范围的不断拓展，其进入门槛接近于零，具有直接融资和支付职能的中小型金融客户也可以利用互联网金融平台直接从事支付和投资业务。互联网金融非银支付模式服务范围的不断扩展对商业银行的支付业务造成了直接的冲击。虽然互联网非银支付还要依赖于传统的金融业务平台实现不同账户的金融资金流转，但是比起中小型甚至是微型金融客户，互联网支付平台的议价能力显著增强。并且非银支付平台强大的信息处理能力还能对客户的账户支付信息进行预处理，极大地方便了客户的支付信息在金融业后台进行的处理活动，无形间也降低了商业银行中介职能的重要性。

7.1.1 对商业银行信息中介职能的影响

互联网金融对商业银行信息中介职能的影响更为直接和显著。商业银行的信息中介职能是基于其能够集合大量的客户和资金资源，并且开发了一系列的金融工具，能够在金融信息的沟通过程中控制风险。一般而言，随着借贷双方的规模愈加庞大，形成的竞争均衡就会愈加稳定，最后形成的社会福利水平越高。商业银行虽然承担着信息中介智能，但这并不是主要的利润来源，只是通过信息中介职能能够提供给客户相当的业务依赖度，增强金融客户业务的粘性。互联网金融的发展，特别是近年来随着互联网门户网站兼并浪潮的不断兴起，互联网企业的规模不断扩大，造成的结果就是互联网信息平台的客户渗透率和信息处理能力不断增强，对金融客户的服务能力也在不断增强。随着云计算、大数据分析等基于互联网信息搜集的数据库技术和信息处理技术的兴起，非金融企业也能够通过互联网对用户的金融信息和非金融信息进行搜集处理。在这个过程中，门户网站和支付网站基于其丰富的客户资源和强大的信息处理能力，完全能够替代商业银行的信息中介职能。

商业银行中间业务收入能力薄弱。互联网企业能够像商业银行一样提供很多中间业务，并且其交易成本远低于商业银行。比如：缴费、理财等。这将不断挤占与侵蚀商业银行本来就发展的比较薄弱的中间业务、支付业务及结算业务。更有甚者，互联网金融发展目前正在经历第三个层次，正在不断颠覆商业银行业务。其赖以生存壮大的线上支付业务正不断触及到线下，使用代收系统与 POS 网络实现线下收单等业务。这对商业银行而已，都是必须面对的新挑战，其客户群体会出现分流，中间业务收入不断被侵占。比如：在基金代理销售方面，原本只有商业银行这一渠道代理销售基金，处于主导地位。然而，互联网金融的出现打破了商业银行的垄断，正不断成为代销基金的重要渠道。

不同金融机构直接的业务分割态势明显，这样相比较门户网站和支付网站强大的技术和客户条件，商业银行想与其竞争，难度非常大。这种金融信息中介服务的冲击继续延续的结果就是对商业银行形成系统性的金融信息和支付风险。虽然在短时间内，由于国家对金融行业利率的严格管制，商业银行因为资金规模相对庞大，业务网点广泛，互联网金融还难以造成本质性的冲击和损害。但是随着国内金融业的开放范围不断扩大，利率市场化的进程不断加快，直至人民币的国际化进程完全实现。在此过程中，商业银行将会遭受严重的冲击，即便是国有大型银行也要不断调整自身的金融业务，以顺应互联网金融竞争的压力。

7.1.2 对商业银行支付中介职能的影响

7.1.2.1 商业银行支付结算业务

支付结算业务，是指银行为单位客户和个人客户采用票据、汇款、托收、信用证、信用卡等结算方式进行货币支付及资金清算提供的服务。一直以来，支付结算业务中的中间人是商业银行，其手续费收入是商业银行重要的中间收入来源。商业银行支付结算业务经过多年的发展，现在又增加了网上支付和电子汇兑等。

长期以来，一直商业银行一直都是支付结算业务的中间人。然而，互联网金融的发展打破了商业银行在该领域的主导地位。

7.1.2.2 非银支付迅速崛起

近年来，我国互联网金融取得了快速发展，非银行支付机构在数量和规模上呈现了爆发式地增长。统计数据显示，2015 年，中国非银互联网支付交易规模达 11.8 万亿元，同比增速 46.9%。

非银行支付机构迅速崛起。我国非银行支付机构已经发展了 12 年。

2010 年，中国人民银行规定，非金融机构提供支付服务应取得《支付业务许可证》。2011 年，中国人民银行发放第一批《支付业务许可证》。目前，获得支付许可证的非银行支付机构数量近 300 家。非银行支付机构借助互联网、移动通信等技术广泛地参与各类支付服务，以多样化、个性化的产品满足了银行现有资源难以覆盖的客户群体的支付需求，并且成为现代支付体系中活跃的、颇具发展潜力的重要组成部分。

非银行支付机构业务领域不断外延。非银行支付机构在助推银行结算业务、电子银行业务向广度和深度拓展的同时，在很大程度上对银行的基础支付功能、传统中间业务领域、潜在客户和存贷款、系统安全运行和未来创新发展构成威胁和挑战；然而，非银行支付机构通过业务领域的不断延伸，对银行支付结算市场份额进行抢占，替代了其大量中间业务；很多非银行支付机构通过开设虚拟账户，吸收众多客户的资金，再以非银行支付机构的名义在银行开立账户，于是非银行支付机构成了一个吸收存款的机构。①

7.1.2.3 商业银行较互联网金融支付结算方面存在问题

互联网金融对商业银行支付中介职能的影响突出表现在其支付的便利性和低成本。虽然迄今为止互联网金融服务平台还要依靠商业银行非支付渠道完成大部分资金的流转，但是随着网络金融服务范围的不断拓展，并且政府对金融业渠道控制力度的不断降低，互联网金融正在不断蚕食商业银行的支付市场，而支付结算职能是商业银行业所有业务职能的基础。

商业银行现行支付结算方式对客户的吸附力较弱。在目前来看，互联网金融企业拥有的客户数量非常的庞大，其提供的产品与服务更加贴近客户。而且，互联网客户群体里面中下等收入居多，这也是被商业银行银行所忽视的或轻视的群体。因此，就导致互联网企业对客户产生比较强的黏

① 杨再平. 为非银支付立规矩 成银网合作大方圆［J］. 金融时报，2015，9.

性。庞大客户群体的黏性，为互联网企业发展金融业务提供了巨大的机会，也使其在与商业银行竞争时拥有了更多筹码和话语权。这导致商业银行在与互联网企业争夺线上客户时处于劣势地位，其原本能够直接获取的客户信息与资源，现在往往需要通过互联网企业进行连接。同时，非银支付的便捷性，降低了人们使用银行卡进行交易的频率和次数大大地降低，导致商业银行银行卡交易量增幅下滑，客户流失。

7.2 对商业银行负债类业务的影响

互联网金融开发出的金融产品收益率远高于银行存款，其产品创新都是侵蚀银行存款的，尤其是活期存款。随着互联网金融与金融创新的冲击，我国银行业存款增幅已经出现下滑。特别是非银在线支付平台，其对银行业现有的盈利模式造成的冲击十分严重。互联网金融发展对商业银行负债业务的影响主要表现在对银行存款的分流及迫使银行转换存款类型。

7.2.1 商业银行负债业务发展现状

商业银行经营的基础是拥有资金，资金来源中有一部分是自有资金，其它都是通过负债的方式吸收的。商业银行负债是有成本的，并且随着互联网金融的快速发展，其负债成本不断上升。因此，商业银行需要灵活使用负债，不仅要实现利润最大化，还要支持国民经济建设。

2015 年，随着存款保险制度建立、存贷比取消、利率市场化改革深入推进，中国银行业存款业务发展存在一定压力，但中国银行业本外币各项存款仍持续增长，存款结构基本稳定。对公存款稳步增长，非金融企业人民币存款增长加快，政府存款增长有所放缓；个人存款持续平稳增长，个人活期存款占比小幅回升；外币存款增长放缓，住户外币存款占比逐步上升。

商业银行的经营过程中更多的依靠人员和资本的投入来保证资金的融入和风险的控制，随着金融业市场竞争的加剧，对金融资源的争夺要依靠更多的资源投入，但是源于商业银行成本经营的特点难以在短期降低企业的经营成本，自然也就不能对市场中的金融资源进行更深程度的挖掘，这样就造成了金融市场领域的“二八效应”，商业银行将更多的资源和成本放在了能够带来更多利润回报的小部分客户上，而具有广大金融需求的小微金融客户因为需要付出更多的金融成本进行挖掘，并且带给的金融回报也不能满足商业银行的利润诉求，这样就导致了社会经济发展过程中的金融普惠难题。

7.2.2 互联网金融分流了商业银行存款

7.2.2.1 互联网金融负债业务优势明显

但是互联网金融的发展能够极大的降低金融业的经营成本和支出。通过网络的无限拓展功能和实时信息传递功能，互联网金融能够将服务功能延伸到网络涉及的每个角落，而且传统金融模式下通过程序性审核完成的信用风险控制，在互联网金融条件下金融风险控制却是由金融服务对象参与完成，在这个过程中信息的处理完全脱离了金融机构人工的操作，自然也就相应的降低了金融服务的成本，将传统金融业难以涉及的微小客户也纳入到了金融服务领域。

对商业银行而言，如果互联网金融仅仅充当金融资源的接口职能，最后的金融业务还要依靠传统金融渠道的服务，互联网金融并不与传统金融形成竞争关系，但是随着互联网金融特别是支付职能的规模的不断拓展，有越来越多的支付资金沉淀在了客户的支付账户中，这样就形成了网络金融的理财投资功能，通过理财投资客户支付的沉淀资金就能够带来资本价值的增值，并且增强了互联网金融的服务能力。这对于互联网金融服务的客户和互联网金融企业都是双赢的结局，虽然互联网金融企业的客户资金投资渠道与一般的金融理财投资渠道相比较并没有太多的不同，但是因为互联网金融超低的金融运行成本导致互联网金融给予的客户资本回报远高于传统金融的存款渠道，基于金融客户投资基金结构的灵活操作，大部分互联网金融投资都实现了“T+0”赎回制度，给予金融客户的便利程度丝毫不逊色于传统的活期存款，而一般而言，金融企业的活期存款是金融企业最为廉价的资金融入渠道，但是互联网金融的兴起导致此部分金融资源的大量流失。另外，随着互联网金融投资业务规模的不断增长，互联网金融基金的投资规模也在不断增长，导致其金融资源投资回报和资金配置效率的不断提升，这样就形成了金融客户和金融回报的双向促进机制。

以余额宝为例，负责余额宝资金投资的天弘基金的资产规模截止到2014年年底已经增长到5898亿元，而2013年年底的数据则是1853亿元，见图7－1所示。近三年来余额宝的资金规模平均每季度的增长率超过20%，这对于传统金融业已经是遥不可及的数据。

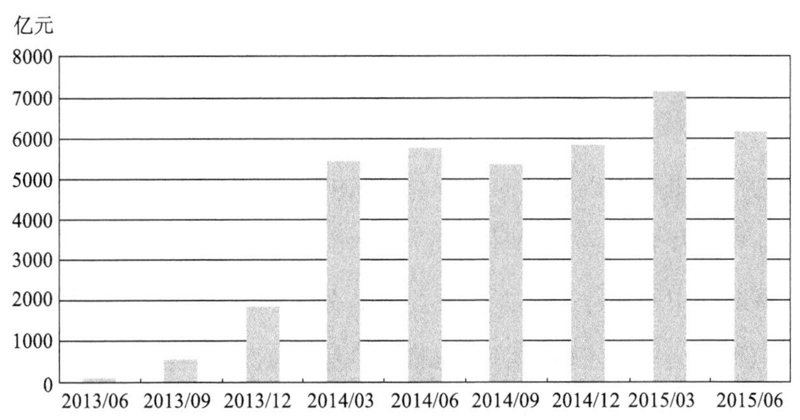

图7－1　余额宝资产规模变化

7.2.2.2　互联网金融冲击了商业银行存款结构

互联网金融的发展对商业银行的存款结构也造成了不利影响，主要表现为，互联网金融产品的资金投资必须按照中国人民银行2013年6月7日颁布的《支付机构客户备付金存管办法》的要求，进行资金结算，如果不存在互联网金融渠道，投资资金大部分将会以活期存款的形式沉淀在商业银行的账户中，为其带来大量的金融利差收益。但是，一旦这部分资金通过互联网金融平台进行集聚，即便互联网金融企业不进行再投资，其也会将账户中的较为稳定的备付金转化为商业银行账户上的定期存款，或者其他具有较高收益的金融理财产品。这样通过金融企业账户结构的调整，部分程度上提高了商业银行的资金使用成本。

7.2.3 商业银行较互联网金融负债方面存在的问题

商业银行难以满足小微企业、草根阶层的投资需要。长期以来，商业银行一直都主导者社会资金的流通，尤其是在中国信贷资源不对称的情况下，资金成为一种供不应求的资源。而商业银行在资金的分配上一直是错配的，客户群体的错位，期限的错配及需要的错配。最需要信贷资源的群体往往难以获取资金支持，处于长尾理论上尾巴上的部分的人群，更多是被商业银行所忽视或抛弃。互联网金融的出现，长期压抑的小微群体、中下等收入阶层彻底爆发了，它一方面缓解了草根阶层投融资的需求，另一方面也为商业银行难以服务的小微企业提供了投融资服务。

商业银行社会角色定位不合理。商业银行在金融体系中一直处于主导地位，垄断着中间业务与结算业务。这既有政策因素，也有体制因素多决定的。这种社会角色定位是不合理的，而互联网金融的发展正在不断打破这种不合理。我国监管层对互联网金融发展的态度非常明显，既鼓励创新，又加强监管。对互联网金融创新的鼓励，弥补了商业银行服务的不足，影响了商业银行的传统地位。

商业银行传统存款方式优势下滑。商业银行存款无论在收益、赎回与交易便捷性方面都无法与互联网金融方式去竞争。前面章节已经提到，宝宝类理财的最低收益也已超过商业银行。而且，互联网理财交易非常方便，能够当天赎回。就余额宝来说，其不仅具有理财的功能，它具有消费的功能。

7.3 对商业银行资产类业务的影响

商业银行的资产类业务一直是其主要利润来源，同时也是保证自身市场竞争力的基石。但是互联网金融的发展长远看会对商业银行的资产类业务带来严重的冲击。

7.3.1 商业银行资产类业务发展现状

银行信贷业务是银行最基本、最重要的资产业务，在传统的金融模式下，是由商业银行充当了交易的中介和借贷风险的最终承担者，这也就意味着，商业银行的信用风险不仅不会随着借贷双方交易规模和数量的增加而递减，反而会随着信贷交易量的增加而累积，同时也解释了，为什么越是规模大的商业银行在发放贷款时就越谨慎，反而规模较小的商业银行贷款政策相对激进。

2015 年年底，对公贷款规模和增速持续增长，贷款投向结构不断优化，贷款利率持续下行；个人贷款规模占比持续扩大，消费贷款快速增长，住房贷款增幅显著，信用卡业务有所放缓；非传统信贷资产业务增速进一步提高，在总资产中的占比继续扩大。本外币贷款余额 99.35 万亿元，同比增长 13.4%。其中，商业银行公司贷款余额 68.77 万亿元，同比增长 11.3%，增速较上年末低 0.8 个百分点。公司贷款占商业银行总贷款比重为 69.21%，较 2014 年占比下降 2 个百分比。2015 年年末，小微企业贷款余额占企业贷款余额的 31.2%，比上一年末提高 0.8%，小微企业新增贷款2.11万亿元，占企业新增贷款总量的38.1%，比同期大型和中型企业新增贷款占比分别高3.7个和10.6个百分点。2015年，商业银行积极加大对小微企业的支持力度，增强服务实体经济能力，不断优化客户结构，同时注重防范过度授信和资金挪用风险，推进业务健康发展。

随着利率市场化程度加深，银行利差收入缩窄，信贷资产质量面临较大压力，金融监管不断规范，金融脱媒与同业跨界竞争为商业银行公司贷款业务提出了新的挑战。对于商业银行对公贷款业务而言，由于宏观经济进入下行周期，行业和客户风险大幅上升，优质资源获取难度较大，如何在经济下行轨道中寻找风险可控前提下的高收益资产是商业银行目前面临的重要挑战，这客观要求商业银行在资产端进一步提高风险识别能力和风险定价能力。

7.3.2 资产业务受到冲击

7.3.2.1 互联网金融资产业务优势明显

互联网金融兴起，业务直接或间接渗透公司贷款，进一步挑战商业银行市场地位，并加速商业银行公司贷款业务组织模式转型。互联网金融的兴起，颠覆了传统的服务模式。金融服务门槛大大降低，客户足不出户即可享受到各种便捷的服务，“离柜化、去网点化”趋势日益显现，2015年，银行业柜面业务交易量呈现同比下滑的态势，传统物理网点的优势大幅削弱。这主要是因为第三方金融服务在一定程度上割断了银行与客户的联系，信息脱媒有所加剧，客户粘性降低。

互联网金融信贷更类似于直接融资的信贷交易方式。由于双方都能清楚的了解双方的具体信息，这就使得不再需要资金中介。互联网企业在小微融资及个人融资产品设计方面都更为个性化，更能满足客户的需求。而且，审批流程也较为迅速，放款速度较快。

互联网金融本身能够降低借贷双方的信息不对称程度。虽然近年来基于互联网的金融诈骗不绝于耳，但是，同时互联网金融企业也通过各种各样的技术或者信用手段，保证了网络借贷平台的安全性，除此之外，网络借贷本身能够通过互联网的大数据分析平台对借贷双方的信用程度进行准确的测量，同时通过信息手段将双方的信用状况彼此反馈，保证了交易过程双方信息不对称程度的降低，而且双方在借贷交易过程中通过网络平台可以进行实时的互动交流，通过信息的双向反馈来降低彼此之间的机会主义行为。同时互联网金融企业还和商业银行合作，通过传统金融征信渠道对投资双方的风险进行控制。这种基于双方彼此信息交流和彼此信任的资金融通方式更类似于资本市场的直接融资，在这个过程中互联网融资平台仅仅作为信息提供的第三方存在，并且随着互联网借贷交易者数量的增多，分散借贷双方的非系统风险的能力越强。

互联网金融能够显著的降低中小企业的融资成本，侵占了传统金融机构的业务市场。这种侵占首先来自于互联网金融借贷平台极低的运行成本，虽然近年来传统商业银行的电子化浪潮风起云涌，传统金融行业的平均效率水平已经有了很大的提升，但是与互联网金融相比较还是在金融资产运行成本和效率上存在很大差距。虽然，从本质上来说，互联网金融借贷平台的用户体验并不比传统金融业面对面的服务更有优势，但是，其快速廉价的借贷办理流程却对中小客户产生极大的吸引力。在国内金融业严格管制的情况下，政府实际为传统金融业创造了大量的垄断租金，这些租金导致传统商业银行通过政府的保护获取了大量的利润来源，不仅对社会资源配置产生不利影响，同时也导致了传统金融机构缺少市场竞争压力，其服务社会经济的能力长期得不到提升，而且反过来传统金融业又要求提供更强的行政保护。

虽然近年来中央政府对金融业的开放力度在不断增强，但是在缺少竞争压力的情况下，传统金融业的服务能力难以令人满意，而且这也严重不利于新经济常态下对社会技术创新能力提升的培育。但是互联网金融的出现改变了金融业的竞争态势，虽然中央政府和地方政府对互联网金融还有很大的疑虑，在政策上还对互联网金融实施了各种限制和管制，但是基于“互联网+”技术平台的互联网金融，本质上是网络交易市场对传统交易市场的替代，通过替代规避传统金融业的利益束缚，用新的交易方式对传统金融的市场规则产生了严厉的冲击，逼迫传统金融机构进行利益调整和改革创新，这与中国30余年改革开放的路径基本一致，也是多年改革开放成功经验在新条件下的再次应用。

7.3.2.2 对公资产业务受到冲击

信用卡业务迎来拐点，与个人消费者支付习惯的变化和互联网金融的兴起有关。随着近年来网上零售业的兴起，使用实体卡进行线下POS支付的刷卡量越来越少，不足线上交易的1/3，降低了实体卡片的有效用途。而随着阿里巴巴、京东等互联网巨头推出的“虚拟信用卡”概念的普及以及互联网小贷的兴起，消费者透支的渠道增多，也蚕食了传统信用卡的市场份额。

7.3.2.3 个人资产业务受到冲击

随着互联网金融、电商和消费公司的兴起以及外资机构的进入，国内消费金融正在形成新的格局。近年来，互联网电商、P2P公司、消费金融公司以及小额信贷公司蓬勃发展，成为个人消费贷款领域的后起之秀，打破了银行在个人贷款领域原有的主导地位，银行业面临巨大的竞争压力。

首先，竞争格局给银行业带来产品创新的挑战。面对日益增多的竞争对手，商业银行必须充分发挥自己在资金以及客户资源方面的优势，大力开展业务创新，克服产品同质化的短板，为客户提供差异化的产品和服务，形成自己在个人贷款业务方面的经营特色。创新产品和服务的紧迫性给银行带来较大挑战。

其次，创新产品和服务带来风险管理方面的挑战。创新产品和服务的同时，会产生新的风险，做好风控工作是创新的前提和保障。面对新产品和服务，应首先建立完善的风险识别、预警和防范机制，提高风险管理的及时性和有效性。

此外，互联网金融的迅速发展给银行业带来经营模式方面的挑战。在互联网金融的冲击下，商业银行面临“去柜台、去网点”的发展趋势，这不利于银行保持传统客户的粘性，使银行面临传统客户流失的风险。与此同时，银行要应对互联网金融来带的冲击，必须对原有的传统业务流程进行优化和改造，以打造与时俱进的经营模式，这要求银行加强对于相关技术、设施以及人力等方面的投资，这使银行面临较大的经营成本方面的压力。

7.4 对商业银行理财类业务的影响

在经济增速放缓、利率市场化基本完成及互联网金融等新型银行业态加快发展、监管优化调整的背景下，中间业务成为商业银行经营从深度和广度上实现转型的必然选择和发展方向。

7.4.1 商业银行理财发展现状

2015 年，转型和创新成为“新常态”下银行业发展的主旋律，而加快发展中间业务、抢先布局互联网金融、重新定位自身角色、发展综合化经营等愈来愈成为转型创新的重要内容。投行、理财、托管等新型中间业务的轻资产特征契合了当前商业银行的转型方向，正在成为各商业银行转型发展的主要驱动，在打造“轻型银行”“集约化银行”和实现“服务升级”方面的作用和效果愈显重要，各商业银行将互联网技术融入投行、理财、托管等新型中间业务，着力建立更加具有持续性的发展模式。

自2004年，我国首款人民币银行理财产品诞生起，我国银行理财业务实现了快速发展，在业务规模、产品创新、风险控制和业务转型等方面都取得长足的发展，理财资金在支持实体经济发展的同时，为客户创造了可观的财产性收益。[①] 2015年年末，银行理财产品余额23.50万亿元，同比增长56.46%。理财业务收入增加的原因在于各商业银行抢抓"大资管"发展机遇，增强对市场的研判，积极创新新型定制产品，推动理财业务收入大幅增加。2015年，商业银行理财业务主要围绕基础设施建设、产业升级、企业并购等项目的资金需求，扩大与证券、信托、基金公司的业务合作，持续推出创新产品，不断满足各类客户需求，实现理财业务收入快速增长。大型商业银行理财业务收入平均占比25.27%，高于股份制商业银行的23.77%，依托自身专业、技术和人才等比较优势，大型商业银行在该业务发展的优势略有显现，见表7-1。

表7-1 2014—1015年我国部分商业银行理财业务情况

年份	2015		2014
	占比（%）	占比增加（%）	占比（%）
中国工商银行	7.81	10.94	26.87
中国建设银行	12.73	2.73	10
平均	25.27	6.84	18.44
中信银行	16.28	0.64	15.64
光大银行	27.58	10.1	17.48
华夏银行	40.42	40.42	26.48
平安银行	12.94	1.62	11.32
浦发银行	30.54	30.54	19.49
北京银行	14.87	-1.09	15.96
全部平均	24.15	11.99	17.91

① 中国银行业协会.2014年中国银行业理财业务发展报告［J］.2015，5.

利率市场化深入，互联网技术应用和资本市场对银行资金分流效应的加强，传统理财业务赖以生存和发展的基础发生了根本性转变。2015 年，存贷比取消，使冲存款的高收益短期理财产品发行动力减弱；大额存单不断扩大发行，一定程度上挤压了同质性理财产品的份额。理财业务发展更是面临着转型压力，为适应形势变化，各商业银行加快了理财业务转型步伐。管理与运营方面，部分商业银行进行事业部制改革，成立独立的资管子公司，有利于促进资管业务的市场化运作，提升盈利能力和空间，增强竞争力。产品创新方面，在理财产品期限、结构、类型和投资标等方面进行多元化创新，先后推出增盈保本型、慧盈结构型、开放式净值型和互联网理财等产品，产品设计将更加贴近客户需求。

7.4.2 互联网金融对商业银行理财的冲击

互联网金融自下而上改变众多储户的理财习惯。在互联网金融产品的冲击下，银行理财产品对收益率的要求较高，但高收益率的资产途径越来越窄，导致商业银行低收益率的理财产品发不出去，高收益率的资产又很难得，理财产品收入难以显著增加。

互联网金融对商业银行理财类业务的影响首先是基于互联网平台的各种在线理财类产品的热销对传统金融机构小额账户沉淀资金的冲击。虽然对于金融机构而言小额账户的短期存款需要支付与大额账户基本相同的账户管理费用，但是在金融资源争夺日益白热化的今天，短期小额账户的存款对商业金融机构而言是最为廉价的资金来源，也是中小型区域性金融机构的主要利润来源，但是随着以“余额宝”为代表的各种“宝宝类”互联网金融理财产品的兴起，原本投资渠道受到抑制的各种账户沉淀资金找到了方便、快捷、基本没有门槛限制的投资渠道，虽然在投资理财策略上，“余额宝”与商业金融机构发放的各种理财产品基本没有大的差别，但是基于互联网金融大量实时金融交易的特点导致互联网金融投资基金能够在短期获取大量的资金注入，并且互联网金融投资基金的资金使用成本很低，这样就为互联网金融投资基金为投资者获取相对高额的报酬提供了条件。

基于互联网平台的各种投资理财通过金融业务模式和操作模式的创新在用户体验上对传统的金融服务形成了冲击。这种冲击从长远上更不利于传统金融机构与互联网金融形成竞争关系。在互联网金融平台投资者能够随时关注基金收益，也随时可以根据自身的利益要求调整投资结构，并且"余额宝"们还和各种金融机构形成了多重协作关系，互联网金融的投资者能够随时对投资产品实施赎回操作，其投资的交易成本降到极低，而相比较传统金融业的理财产品，在产品的制定、产品的销售以及产品的赎回等各项操作上，均难以做到投资者的实时参与和信息反馈，也不能使投资者随时能够了解投资项目的进展情况，所以在用户体验和用户参与度上，传统金融的投资理财业务难以和互联网金融相提并论。

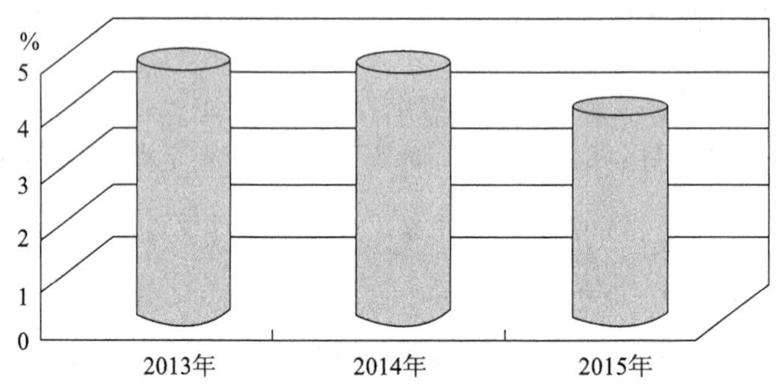

图 7－2　余额宝平均年化收益率

基于互联网金融的投资理财业务还对商业银行代理手续费收入造成了不利影响。因为传统条件下各种投资理财产品的销售受制于销售渠道的限制，一般是委托商业金融机构的物理网点进行销售，通常条件下，商业银行代理基金的收费在0.5% ~1%之间，代理保险的收费在2% ~3%之间，作为无风险的中间业务收入，近年来一直是各种类型商业银行业务开拓的重点，虽然通过互联网金融平台销售投资理财产品，商业银行能够获取部分支付手续费作为补偿，但是费率平均只有0.2% ~0.5%，从总体上，互联网金融对商业金融机构理财产品中间业务收入的影响为负面。

互联网金融大数据处理的技术优势和实施信息反馈的服务优势能够根据投资者的需求不断开发新的投资理财产品，提高投资者的满意度。通过互联网的信息传递优势，传统金融模式下需要人工参与，需要多重数据处理流程的用户需求和满意度调查，在互联网条件下可以随时实施，而且通过大数据处理能够预先发掘投资者的需求，引领行业潮流，这些都是传统金融模式可望不可及的业务操作模式。

7.4.3 商业银行是互联网金融长期积极探索者与推动者

商业银行是中国最早运用计算机和互联网技术的行业之一。与其他传统产业相比，银行业是电子化、网络化和数据化程度最高的产业。从20世纪80年代开始，中国的商业银行陆续开始探索业务的电子化处理。先是运用计算机技术将传统的手工记账方式转变为会计电算化，而后通过计算机网络将各个地区的系统进行互联，陆续实现内部数据的大集中。计算机的运用和数据集中为银行创新交易方式、提供电子渠道服务提供了技术基础。ATM和POS等电子机具的推出，形成了对银行柜台和人工的明显替代，操作便捷性和良好的客户体验使其成为客户自行办理银行业务的首选。

随着通讯技术的普及和电子商务的发展，银行业积极探索金融服务与信息技术的相互融合，逐步实现了业务运作和经营管理的全面信息化。国内银行相继推出了电话银行、网上银行等远程电子服务渠道，进一步扩充了银行业服务形式。1996 年 6 月，中国银行设立网站，最早探索通过互联网向社会提供银行服务；1997 年年初，招商银行也开通网站积极试水互联网；2000 年年底，工商银行全面开通网上银行。此后，国内银行业普遍开始推进网上金融业务发展。

得益于金融业务无需物流的特性，在银行业的积极探索和推进之下，金融交易迅速从线下向线上转移，互联网成为商业银行金融业务的重要办理渠道。以工商银行为例，虽然有 17000 余家实体营业机构，但通过网上银行、电话银行、手机银行、自助银行等渠道处理的业务量已占全部业务量的 80%，相当于替代 30000 多个物理网点。全行接近 60% 的基金和理财产品、超过 95% 的外汇与贵金属交易均通过互联网和手机完成，互联网与电子渠道成为名副其实的主渠道。

8　商业银行融入互联网金融领域分析

为应对互联网金融的挑战，商业银行在强化传统电子银行优势的基础上，积极介入互联网金融领域。主要表现为：开展直销银行、进行渠道创新、业务融入互联网等。

8.1　发布互联网金融战略规划

8.1.1　组织架构调整

未来五年，信息化和数据平台建设将进一步提升银行管理水平，互联网金融业务模式的创新和落地将实现新的突破，银行业向数字银行、智慧银行的转型步伐不断加快。一是各银行将进一步提升信息化水平，加强业务集中处理能力，实现规模化、标准化的作业模式，最终达到经营管理的全面集中和集约，有效降低生产运营成本，控制经营风险。二是各银行将持续推进数据平台建设，将银行内部各管理系统按照统一的信息技术架构全部整合到一个系统管理平台，实现各系统互联互通，实现数据集中、整合、共享、挖掘，提升业务管理水平和客户管理水平。三是业务创新方面，银行将在供应链金融、消费金融、交易银行等业务的互联网化上实现新的突破。四是各家商业银行相继着手建立与互联网金融相匹配的新型组织架构体系。一方面，通过新增核心部门将互联网金融上升到全行战略层面统筹谋划。通过独立或半独立的组织运作体系，给与互联网金融创新业务更多的自主经营权限。另一方面，重视多渠道整合协同，推行互联网金融“入口经济”理念。其中，大型银行已开始依托互联网技术将柜台、客户经理、自助设备等渠道无缝接入大数据平台，实现渠道间产品整合、信息共享、流程衔接和服务协同，真正实现为客户提供一揽子金融产品、一站式解决方案和一体化流程体验。

表 8-1 2015 年商业银行调整组织架构适应互联网金融的发展

名称	主要做法
工商银行	构建“融 e 购”电商平台、“融 e 联”即时通信平台和直销银行平台；成立互联网金融营销中心、个人信用消费金融中心，筹建网络融资中心，以统筹全行互联网金融业务的营销推广和运营管理，推进互联网金融专业化、集约化创新发展
农业银行	总行层面成立“互联网金融技术创新实验室”
	为现有一级部门电子银行部增加网络金融部职能
中国银行	新成立网络金融部
交通银行	将互联网金融业务作为事业部业务探索推进
中信银行	成立网络银行部，提出“再造一个网上中信银行”的战略
民生银行	以独立法人形式设立民生电子商务公司；推出直销银行
光大银行	以独立法人形式成立“光大云付”子公司
平安银行	成立公司网络金融事业部
	成立零售网络金融事业部

8.1.2 互联网金融战略转型

商业银行经营渠道转型将致力于建设“物理网点+互联网+物联网”三位一体的渠道模式，三者协同发展。物理网点仍是银行与客户建立关系的最基本渠道。在互联网金融蓬勃发展的时代，物理网点并非包袱，而是需要进行转型；物理网点仍然是银行获取客户、提升市场影响力、拓展业务的最基本渠道。在其基础上推进银行业务互联网化，致力于线上线下一体化。银行应以现代科技与互联网技术为基础，以物理网点为依托，积极推进银行业务互联网化，加快网上银行、手机银行、电话银行以及自助服务的推广与应用。而物联网金融则是互联网金融发展的更高阶段。物联网实现虚拟经济与实体经济的交融，推动了金融模式的新革命——物联网金融，实现了人和物、机和物、物和物之间的信息交互，因而在业务转型过程中，应大力发展物联网技术，将物理网点、互联网、物联网有机结合起来，打造全方位、立体式、多层次的银行业务渠道端。

表 8-2 部分商业银行的互联网金融战略转型

银行名称	战略转型方向	具体措施
工商银行	布局互联网金融	工商银行发布了互联网金融品牌 E-ICBC，在“金融为本、创新为魂、互联为器”基础上，构筑起了以“融 e 购电商平台、融 e 联即时通讯平台、融 e 行网上银行直销平台”以及“网络融资中心”为主体，覆盖和贯通金融服务、电子商务、社交生活的“三平台、一中心”互联网金融整体架构
农业银行	发力互联网金融	农业银行发布了其 B2C 核心平台升级版——“掌上银行 3.0”，该平台以提供传统金融服务为核心，融入了消费电商和社交即时分享功能，包括移动银行、移动支付、移动商务、移动社交等应用。此外，农行 BoEing 核心系统上线，在 BoEing 核心系统的基础上，农行信用卡加速了互联网时代下的变革，发布了条码支付、手机 POS、电子签名、POS 贷、变码支付等创新产品
建设银行	建设综合型银行	互联网金融形成“三大渠道”（网上银行、手机银行、微信银行）+“三大生活平台”（善融商务、悦生活、惠生活）+“三类创新产品”（在线缴费支付、网上投资理财、网络信贷融资）+“三项智慧技术”（数据挖掘、金融云、客服“小微”）+O2O 服务体系线上线下全贯通
交通银行	向“金融资产立行”转型	实现从传统市场向互联网市场的战略拓展。互联网金融业务中心是最新成立的事业部制直营机构，计划以事业部制平台的形式发展互联网金融子公司，打造线上“第二交行”
兴业银行	以综合经营促转型	探索“互联网+”，前瞻布局互联网金融

续表

银行名称	战略转型方向	具体措施
光大银行	智能化	大力发展电子银行业务，打造·网络里的光大银行
浦发银行	助推数字化转型	发展理念上，“spdb +”始终围绕“场景触发业务”“业务产生数据”“数据驱动场景”内生循环规律全力推进数字化银行建设
招商银行	发展轻型银行	立差异化的业务模式，提升零售基础能力，如获客能力、渠道覆盖能力、大数据能力等，为在互联网时代开展零售业务打下坚实基础
平安银行	布局物联网金融	不断加强橙 e 网、平安橙子、行 E 通和口袋银行等互联网金融平台建设。其中“橙 e 网”定位于“熟客生意”，这一定位延续了该行领先的供应链金融能力，意在构建平台式供应链金融，实现“供应链金融 + 互联网金融”的深度融合。在发展路径上，从 1 + N、N + N 的模式，逐步向“平台 + 平台”模式转化，强化平台间的合作，实现“橙 e 网”高效赋能、批量获客的目标。
南京银行	转型直销银行	推出了以智能存款、基金定投为主要业务的直销银行——“你好银行”，此外，将电子银行和互联网金融发展列为六大业务主线之一，将从渠道优化、平台搭建、供应链金融、产业链合作等多方面主动融入互联网金融。
宁波银行	差异化、专业化发展道路	持续对接互联网金融渠道，主动拥抱互联网金融

8.2 进军直销银行

在拓展传统网上银行业务外，直销银行成为新时期商业银行向系统外拓展业务的抓手。相对传统网上银行，直销银行的特点在于摆脱了传统银行通过柜面开户获客的环节；免去基础账户认证环节，通过直销网络平台广泛直接吸引客户，并在一定程度上摆脱了经营地域的限制，可以便捷实现跨区域业务开展；由于直销银行通过互联网平台降低了银行获客对营业网点的依赖，大大拓展了银行产品的营销渠道，因此首先受到了众多中小银行的青睐。[①] 直销银行销售的产品类别也由最初基本以余额理财为主，向基金化、信托化和结构化等差异化方向逐步发展完善。从深层次意义来看，随着互联网和移动通讯技术的深入应用，居民和企业金融消费习惯和商业银行经营模式都在发生着深刻变化，直销银行在本质上通过互联网技术将银行结算功能与投资服务功能分离开来，创造出一个进一步细分了的金融市场。

余额宝、百付宝等以余额理财为核心的互联网金融的迅速崛起，导致商业银行不得不应对，进而推出在线直销银行。目前，直销银行均将余额理财作为最基础性产品。中小银行受限于网点不足，更愿意开展这种业务。深入的来看，互联网金融背景下，人们的消费习惯已经发生了变化，商业模式不得不随之而调整，商业银行的金融服务模式也要不断转变。

8.2.1 直销银行内涵

直销银行是互联网时代应运而生的一种新型银行运作模式，是互联网金融（ITFIN）环境下的一种新型金融产物。直销银行没有营业网点，客户主要是通过网络、电话等获取产品好服务。降低运营成本，回馈客户是直销银行的核心价值。

直销银行具有机构少、人员精、成本小等显著特点，由于节省了网点运营等成本，直销银行能够为客户提供比传统银行更优惠的利率和费用更低廉的金融产品及服务。由于业务活动主要依赖于互联网等电子渠道，不会受制于实体网点的人力工作时间，直销银行可以为客户提供全天候、不间断、不受网点限制的银行产品和金融服务，成为名副其实的“不下班的

① 陈远年．“互联网＋”时代的中国银行业［J］．中国国际金融博览会暨东北亚互联网金融论坛，2015，11.

银行"①。

8.2.2 直销银行的发展现状

2013年9月18日，北京银行宣布与荷兰ING集团合作，开通直销银行服务，拉开了我国直销银行的序幕。2014年2月28日，民生银行直销银行正式上线，并引发国内直销银行发展的热潮。截止到目前，已有50家左右的商业银行推出了直销银行服务。国内直销银行经过两年多的发展，其数目规模、市场份额、服务质量已经显著扩大和提升。我国直销银行发展情况如表8－3所示。

表8－3 我国直销银行发展情况

直销银行名称	所属银行	推出时间	现有业务范围
北京银行—直销银行	北京银行	2013年9月	更惠存：惠存宝 更慧赚：银行理财慧赚宝、货币基金慧添宝 更会贷：会贷宝 更汇付：暂未上线
民生银行—直销银行	民生银行	2014年2月	如意宝：货币基金 定活宝：第三方定期类投资理财产品 民生金：可实现黄金体现的黄金投资业务 利多多：人民币智能增值服务产品 随心存：人民币储蓄增值服务产品 轻松汇：电子账户和绑定卡互转、电子账户进行民生信用卡还款
兴业银行—直销银行	兴业银行	2014年3月	兴业宝：兴业货币、大成增利、华福货币 兴业红：混合型基金、股票型基金—广发百发 定期存款、基金、智盈宝、天天万利宝
平安橙子	平安银行	2014年8月	平安盈：宝类理财 定活通：智能存款 智能信用卡消费管理 许愿、记账功能

① 曹鹏．"直销银行"初探［J］．知识经济，2014，4：85－86

续表

直销银行名称	所属银行	推出时间	现有业务范围
江苏银行—直销银行	江苏银行	2014 年 8 月	开鑫盈：货币基金 聚益宝：稳银计划 放心汇：转账汇款 惠多存：智能存款类产品
宁波银行—直销银行	宁波银行	2014 年 9 月	理财：直投系列（优选投资项目）、稳赢系列（天天金，货币基金） 借款：个人、企业借款
华夏直销银行	华夏银行	2014 年 9 月	普惠基金宝 普惠理财宝：天天盈利宝 普惠多利宝：人民币储蓄存款
浦发银行—直销银行	浦发银行	2014 年 11 月	银行理财业务：固定期限、开放式、封闭式 基金：股票、证券集合 保险、存款 实物金业务
浙商银行—直销银行	浙商银行	2014 年 11 月	增金宝：易方达基金 电子存折、支付 e 折、如 e 存、新 e 付
工行融 e 行	工商银行	2015 年 3 月	存款：节节高、定期存款、通知存款 投资：货币基金、分红险 交易：黄金、白银、铂金、积存金、原油

银行背景多为中小银行。城商行直销银行占比超过综述的一半，国有大型银行仅有工商银行推出直销银行，且仅将其定位于针对特定市场（如小微企业商友圈、大学生、农村等）的应用。主要是因为互联网金融和利率市场化对中小银行冲击更为明显，而直销银行能够帮助中小银行摆脱物理网点受限的发展瓶颈，成为其拓展客户的重要方式。

产品以宝类货币基金、智能存款、银行理财居多，产品同质化严重。目前，我国直销银行开展的业务基本集中在基金代销、银行理财、转账汇款等基础业务，或者“宝宝”类的类余额宝产品，产品和服务重合度高，模式单一。近 50 家直销银行中有 31 家提供存款类服务，尽管其利率在定价上较传统存款业务并无明显提高，但大多数平台对其利率计算方式进行了改进，使得用户可以在活期存款的基础上获得一定的定期利率优惠。目前，货币基金、理财产品、存款类服务是国内直销银行提供的前三大主流产品。余额宝的爆发使传统商业银行深刻感受到互联网金融的威力，因此，众多直销银行都提供有货币基金类产品，以避免用户群体的流失。

贷款、汇款服务尚不成熟，特色服务缺乏。目前，我国直销银行存款、理财类产品比较丰富，但其他产品相对匮乏，如：贷款服务、汇款服务。贷款服务多是针对个人的贷款，且部分直销银行仍依赖于线下网点和人员对贷款材料进行审核和面签；汇款服务也多为电子账户与绑定银行卡之间的存入转出等。

用户仍多为存量客户，难以实现目标定位。商业银行在互联网金融发展方面还存在明显不足，其客户群体仍依赖于原有的线下自有渠道，直销银行的客户仍多为原有存量客户，难以实现本身对增量客户的定位。

8.2.3 直销银行典型案例

2014 年 2 月 28 日，民生银行直销银行正式上线。民生银行直销银行突破了传统实体网点经营模式，主要通过互联网渠道拓展客户，具有客群清晰、产品简单、渠道便捷等特点。2015 年年底，直销银行客户 286.72 万户，比 2014 年年底增加 139.91 万户，该平台上的货币基金产品“如意宝”申购总额 8475.32 亿元。

客户拓展上，直销银行精准定位“忙、潮、精”客群；产品设计上突出简单、实惠。首期主打两款产品，一是“如意宝”余额理财产品，这款产品对接货币基金，具有购买门槛低、申购无限制、单日最高赎回 500 万、实时支取、日日复利的特点；二是“随心存”储蓄产品，1000 元起存、随用随取、利息收益最大化；渠道建设上，充分尊重互联网用户习惯，提供操作便捷的网站、手机银行和微信银行等多渠道互联网金融服务。①

民生直销银行呈现出几大亮点：

一是全程互联网化。民生直销银行将开户、存款、转账等功能全部互联网化，不用再去营业网点只需通过网络终端就可以实现。

二是网上开户。不需要去营业网点办理任何手续，只需要通过网络进行注册，登记个人信息，绑定民生银行卡等；非民生银行卡用户需上传身份证。民生直销银行能够将审核结果在 24 小时内，通过短信或电子邮件形式告知客户。客户需要在三日内从绑定卡上汇入金额到电子账户，银行验证后将自动激活电子账户。

三是活期存款自动申购货币基金。“如意宝”对接汇添富和民生加银两款货币基金。客户可以随意选择，选好后其账户资金会自动申购货币基金，并能够获得高于商业银行活期存款的回报。②

四是定期存款可提前支取。客户签约“随心存”业务后，当其账户上活期存款扣除留存金额达到1000 元时，就可以自动转为 1 年期定期存款。如果客户气体支取该款项时 ，直销银行将根据已存时间按照 1 天、7 天通知存款、3 个月、6 个月、1 年定期储蓄相应的利率进行结算。

五是绑定他行卡转账免手续费。“轻松汇”业务能够将所有银行卡归集在直销银行电子账户内，能够将账户上资金转至银行卡上，无论是否民生银行卡均免手续费，转账限额为 500 万元。

8.3 渠道创新

互联网金融是互联网公司在信息技术便捷性极大提高，数据处理技术极大进步的背景下，依托其接口和创意产品，由线下的面对面交易向互联

① ② 民生银行官方网站。

网线上交易快速迁移的结果。也就是说，互联网金融是一种依托于技术和产品的渠道创新。

8.3.1 渠道创新的发展现状

商业银行基本建成由电话银行、网上银行、手机银行、微信银行、电子商务平台、电视银行、电子化服务等构成的全方位电子银行服务体系。同时不断完善和丰富系统功能，拓宽服务范围，创新服务模式，加快互联网金融创新，为客户提供安全、快捷、全面的电子银行金融服务。

一是信息技术的发展推动商业银行服务渠道创新。目前，商业银行渠道创新的模式主要有两种。一是加强中后台集中处理能力，网点朝轻型发展，并探索智能化、综合化、一体化的网点转型建设。二是加强线上线下各渠道之间的协同和整合，统筹规划物理网点和自助渠道的功能定位、总量结构与布局、资源分配，推进物理网点和自助渠道的标准化建设、服务管理、竞争力提升与经营转型。

二是电子银行广泛推广。多数商业银行传统渠道已经有了像网上银行、手机银行等的电子渠道，在这些传统的电子渠道上进行业务重组和流程改造，以客户需求为中心，让客户能够顺畅的参与到产品功能的评判和开发中来，增强客户的兜售参与感，通过客户的参与不断丰富产品，快速设计出贴近客户需求的产品。电子银行有空间优势，有时间优势，可以随时随地去办理业务，可以自助办理；其凭借完善、便捷的创新渠道，实现线下推动线上、线上服务线下、线上线下协同发展的模式。电子银行建设重点逐步由 PC 端转移至移动端。自我国 1999 年开展手机银行业务以来，手机银行凭借其携带方便、操作简单等特征快速成为大众化的便捷工具。手机银行发展也成为商业银行战略转型的重点，多数商业银行均已开通手机。2015 年，中国银行业平均离柜业务率为 77.76%，同比提高 9.88 个百分点。离柜交易达到1085.74亿笔，离柜交易金额达1762.02万亿元，同比增长31.52%，其中，手机银行交易额为70.70万亿元，同比增长122.75%；网上银行交易额为1600.85万亿元，同比增长28.18%；电话银行交易额为18.20万亿元，同比增长171.64%；微信银行交易额为3174.49亿元，同比增长195.67%；电商平台交易总计13.68亿笔，交易总额达15.4万亿元。

三是打造商业银行微信平台。自2013年以来，我国众多商业银行纷纷开通微信官方平台，为客户提供提供简单的账户查询、账单查询、业务咨询等业务。2013年7月，招商银行推出了全新概念的首家“微信银行”。随后，国内多家银行推出了微信官方公众号，为客户提供账户查询、业务资讯、预约办理、转账汇款等金融服务。微信银行突破了地域限制，将商业银行传统业务轻松地推动到全国的客户便。2014年，微信银行个人客户达到3666.81万户，企业客户达到88.45万户，全年交易总量达29168.90万笔，交易总额1073.67亿元。工行微信银行所提供的服务包括7×24小时人工咨询、自助查询和资讯获取等；客户既可以将需要咨询的事项通过微信发到“中国工商银行电子银行”公众账号，由工行的专业团队提供快捷、全天候的业务解答。也可以编辑固定格式内容查询并实时获取开户行信息、优惠活动、黄金价格、白银价格、铂金价格、存款利率、贷款利率、外汇牌价、外汇汇率、基金净值、债券价格、理财产品净值等12项金融信息。①

微信银行、微博银行等公众服务平台的发展：一方面，客户广泛的社交平台有助于商业银行丰富产品宣传和品牌传播渠道，提高宣传的针对性和有效性。另一方面，借助大型社交平台，商业银行可以较便捷地实现网点查询、转账支付、交易提醒、理财购买、无卡取款等主要金融服务，提

① 工商银行官方网站。

高对客户服务的能力。此外，通过对平台服务的二次开发，在营业场所或其他场所自动获取微信客户，推送产品信息，也帮助商业银行实现了主动获客，提高经营能力的目的。

四是跨界经营推进渠道创新。我国金融业目前仍是分业经营、分业监管，但商业银行一直在尝试混业经营、跨界经营。2015 年年初，橙 e 网与国内知名的电商平台蘑菇街合作，推出了“蘑菇街理财”。用户可以通过蘑菇街注册理财账户，并直接购买平安银行橙 e 网的优质“宝宝”类理财产品。橙 e 网是平安银行旗下供应链生意平台和金融电商平台，致力于为供应链企业提供线上融资服务，为中小企业提供免费的生意管理平台，为企业和个人提供投资理财、保险等综合服务。

在服务方式方面，随时随地的支付渠道，全面的银行产品的服务，以及丰富的生活服务，都需要整合各种各样的渠道和各种各样的服务，来提供多样化需求的客户。在营销服务创新上，以品牌为导向，以客户服务为宗旨进行营销创新，这里面包括营销推送方式的创新，可以综合地采取，包括微博、短信、个人网银的登陆等。互联网金融背景下，商业银行时刻保持着对互联网的敏锐嗅觉，并不断进行渠道创新，并以“开放”和“多元化”为主导。

通过互联网实现撮合金融交易也是银行业务创新的一个重要尝试。目前，多家银行推出线上供应链金融服务。由于在线服务更加智能和开放，银行和客户获取和填报数据更加便捷。通过互联网对金融交易进行整合，银行对资金和对交易对手的管理能力也进一步提升。银行在为企业提供融资、结算支付等传统资金服务的同时，也获得了拓展理财、订单管理，甚至账务处理等业务的机会。在推进路径上，商业银行一般采取的模式有两种。一种是与第三方合作，如中信银行与海尔日日顺物联网平台合作，中国邮政储蓄银行与 1 号店合作电商供应链金融产品。另一种是自主开发产品，如招商银行推出针对电商和物流行业的在线供应链金融解决方案。此外，互联网化也提高联保连带业务的便利性。由于该业务涉及三个及三个以上的借款人，通过网络，可以更方便地将相关主体组成一个联合体。联合体成员之间可以更便捷地协商确定授信额度，联合向银行申请贷款，银行确定联合体授信总额度及分配各成员额度操作的灵活性也得到明显提高。

8.3.2 渠道模式创新的典型案例

中国工商银行在互联网金融领域的新业态新优势正在形成。工商银行构筑以“三平台、一中心”为主体，覆盖和贯通金融服务、电子商务、社交生活的互联网金融整体架构，以大银行的新业态、新生态为促进实体经济提质增效增添新动力。“三平台”包括业务领域已涵盖 B2C、B2B、B2G（集团采购）的“融 e 购”电商平台；银行与企业、银行与客户、银行内部实时沟通的“融 e 联”即时通讯平台；实行业务、客户、平台全面开放，实现整个网上业务全部直销的“融 e 行”平台。① 这三大平台集中承载工商银行的互联网金融业务，并作为面向客户的主要应用入口，通过开放共享机制，形成一个服务数亿客户群的互联网金融新生态。“一中心”指的是网络融资中心，它将作为工商银行信贷标准化、互联网化运营的平台，运用互联网与大数据技术，实现信贷业务尤其是小微和个人金融业务在风险可控基础上的批量化发展，为客户带来“无地域、无时差、一键即贷”的良好体验。②

“融 e 购”全年交易额超过 8000 亿，成为国内第二大电商平台。“融 e 联”是工行自主研发的一个社交型金融服务平台，将成为亿级客户提供信息沟通和金融服务。“融 e 行”是对原有网上银行、手机银行整合改造形

① ② 2015 年中国工商银行年报。

成的，更加适应移动金融趋势、更为开放的直销网银平台。目前，该平台已拥有1.9亿客户。网络融资总规模目前已经超5000亿元。

8.4 零售业务互联网金融模式创新

互联网金融背景下，商业银行各类业务纷纷融入互联网并不断创新。互联网金融对商业银行的影响主要体现在对其零售业务的冲击，但互联网金融在零售业务规模、产品、服务内容、客户总量等方面与商业银行仍然差距很大，并未对其零售业务构成实质性威胁。同时，商业银行零售业务不断融入互联网，创新零售业务发展模式。

8.4.1 商业银行零售业务融入互联网的模式分析

商业银行零售业务融入互联网的模式主要包括：P2P贷款、微信银行、自助网络贷款、网络理财、移动支付、虚拟信用卡等。

8.4.1.1 P2P贷款

商业银行在P2P模式上并没有优势，但看到其发展迅速，也纷纷介入其中。商业银行介入P2P一般通过三条途径：推出P2P资金存管业务，直接从事P2P业务、投资P2P业务。

《网络借贷信息中介机构业务活动管理暂行办法（征求意见稿）》要求，网络借贷信息中介机构应当选择符合条件的银行业金融机构，作为出借人与借款人的资金存管机构。《非银行支付机构网络支付业务管理办法》要求建立客户资金第三方存管制度，明确规定"从业机构选择符合条件的银行业金融机构作为资金存管机构，对客户资金进行管理和监督，实现客户资金与从业机构自身资金分账管理"。在此情况下，大部分互联网金融平台积极寻找商业银行进行合作。P2P资金存管指的是P2P平台的每个投资人、借款人在商业银行 P2P 存管系统开立或指定存管账户，通过存管账户办理充值、投资及提现、划拨等交易的一种存管模式。推出 P2P 资金存管业务是商业银行介入 P2P 的通行做法，城商行、股份制银行以及大型国有银行均介入其中。

商业银行对直接从事 P2P 业务也是跃跃欲试。《商业银行法》并没有禁止商业银行开展 P2P 的明确规定，这就为其介入其中提供了机会。商业银行从事 P2P 业务有其自身的优势，比如：其征信体系、客户资源等。同时，商业银行能够将信贷资源投放至资金需要旺盛的小微客户，也能够挽回部分较低存款收益所流失的存款客户。小企业 e 家是招商银行于 2013 年正式推出的互联网金融服务平台。其通过线上线下相融合的信息见证服务，为用户提供了全新的安全、便捷的财富保值和增值方式。

投资 P2P 公司。商业银行直接投资 P2P，双方能够充分发挥自身优势，弥补劣势，互相渗透，产生一种新的金融模式。

8.4.1.2 网络理财

宝宝们的成功，让商业银行开发了多种类似宝宝们的网络理财产品。商业银行网络理财与互联网金融网络理财运作模式相似，主要是通过关联货币基金，由银行后台系统自动实现货币基金的快速赎回，用以满足客户流动性需求及获得比活期存款高的理财产品收益。而与余额宝不同，银行版余额理财产品在提现方面更加快捷，基本都实现 T+0 实时提现。

线下产品线上化首先表现在理财业务领域，大部分银行已实现将理财产品上线的过程。进一步地，很多银行开发了线上贷款业务，以实现线上贷款申请、受理和审批，提高处理效率。工商银行的逸贷、浦发银行的网贷通，以及建设银行的快贷就是这一类产品；此外，针对单项业务，多家银行采取了整合线下所有相关服务，打造在线综合金融服务平台的模式；招商银行小企业 e 家，即围绕中小企业存、贷、汇等金融需求，开发了企业在线信用评级、网贷易、惠结算等互联网金融产品，实现了与银行中后台信贷管理系统、客户关系管理系统的对接。①

8.4.1.3 互联网金融产品层出不穷

商业银行今年在互联网金融领域动作频繁。其业务模式和管理模式都发生较大的变革。2015 年，银行业很多机构大力推进大数据技术发展、加快构建信息化银行、形成互联网金融时代新的竞争优势。

表 8－4 银行业互联网金融创新产品

银行名称	创新产品
工商银行	e 灵通 + 同业做市交易平台 + "网票通" + "一触即贷" 的中建集采贷 + 柜台记账式债券 24 小时连续交易 + 融 e 行 + 账户类交易产品
建设银行	"e 棉通" + 善融商务以商促融助转型
中国银行	中银 E 贷—个人网络消费贷款 + 中银跨境 e 商通
交通银行	智能机器人
招商银行	"智慧医疗"
光大银行	网络快卡 + 云缴费
华夏银行	移动银行 3.0 打造"无处不在"的金融服务
民生银行	直销银行
平安银行	综拓 e 家 + 橙 e 网
浦发银行	"SPDB +"互联网金融平台在零售银行的创新实践 + "靠浦生活" + 电子商务平台 + 智慧医疗 Q 医院专属服务方案
兴业银行	"钱大掌柜"及"掌柜钱包" + "收付直通车"支付结算服务 + 直销银行
邮储银行	"互联网金融 +"模式下的网贷产品创新

8.4.2 商业银行零售业务融入互联网金融的典型案例

"薪金煲"，由中信银行联手业内实力基金公司嘉实基金和信诚基金发行的一款新理财产品；薪金煲跟普通的货币基金不同，这款产品不用申请

① 张吉光. 商业银行应对互联网金融的现状、问题及对策建议［J］. 北方金融，2015（02）.

赎回就可以在 ATM 上直接取现或是刷卡消费；其实跟活期存款没两样，但是利率就大大高于活期存款（目前，活期存款在0.35%左右，货币基金的年化收益率在4% ~6%之间）。① 薪金煲资金门槛为1000元以上，单日赎回不超过50万。薪金煲业务开通之后，客户需要设定一个不低于1000元的账户保底余额，账上“保底余额”之外的活期资金将每日自动申购货币基金；而当需要使用资金时，也无需赎回，中信银行的后台会自动实现货币基金的快速赎回，用以满足客户的实时取现、消费或转账等各类支付需求。24小时均可实时实现，单个账户单日赎回额度上限为50万元。②

---

① 中信银行官方网站。

② 中信银行官方网站。

9　融入互联网 打造商业银行互联网金融平台

面对互联网金融等新型金融业态的冲击，商业银行积极应对，用创新和改革来引领传统业务的转型升级，谋求新的发展。商业银行继续加大互联网金融的投入和创新力度，银行系互联网金融产品和业务种类日益丰富，不仅仅局限于支付、结算等基础银行业务的互联网化，更是涉及小微信贷、供应链金融等各项业务。

9.1　打造属于银行的各类平台

未来，信息化和数据平台建设将进一步提升银行管理水平，互联网金融业务模式的创新和落地将实现新的突破，银行业向数字银行、智慧银行的转型步伐不断加快。

9.1.1　打造银行自己的电子商务平台

平台公司类型多样，包括电商平台、社交平台等，很多已经进入了中小银行的视野，与之寻求合作。比较而言，以阿里巴巴为代表的电商平台仍然是最优的选择。

结合金融史来看，金融业的发展往往是伴随着贸易而兴起。不管是中世纪的威尼斯，工业革命后的伦敦，还是现代的纽约、中国香港、新加坡，其成为金融中心的前提，均是贸易中心。有了贸易的物流，就会有现金流，就会有现金相关业务，最终是金融。因此，金融的发展基本上沿袭“贸易的物流—现金流和信息流—金融”这一路径。互联网世界也同理，电商平台掌握贸易活动，产生了物流、信息流和现金流，因此具备经营金融的天然基础，这一点是其他平台所不具备的（比如社交平台，是熟人网络，相互间日常现金往来主要是礼节往来、AA 支付等，其规模和贸易所带来的现金流不可同日而语。如图 9－1 所示。

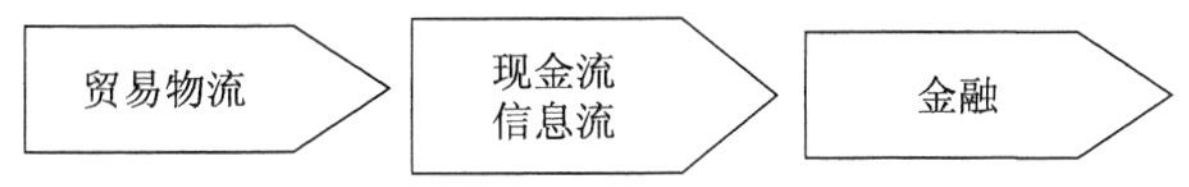

图 9－1　贸易的物流、现金流、信息流是金融的根源

资料来源：光大证券研究所

随着互联网世纪的到来，电商业蓬勃兴起，迅猛发展，逐步渗透和影响各行业，银行业各家机构也纷纷自建电商平台，希望借助电商优势，为自身业务“注入”客户，目前，国内真正具备规模的电商平台屈指可数，除与金融机构合作外，他们自身优势，自筹开展金融业务，例如腾讯、阿里巴巴等。

银行做电商平台是顺应互联网时代的趋势，不仅着眼于眼前利益的需要，最重要的核心点是立足长远发展的需要，利用电商平台的极大优势，迅速抢占市场先机、资源、客户。过去，金融机构往往处于电商产业的下游。举例：甲方为支付宝，乙方为金融机构，支付宝利用自身的长处，对金融机构的叫价优势非常强，支付交易手续费被支付宝降到非常低的地步。而银行机构在线下刷卡时交易手续费高达 3%，这是银行机构信用卡收入的一项来源。例如：如是银行客户在自家平台上购买，则不会被第三方支付机构排挤了。最重要的是，整笔交易中，银行能掌握交易信息的数据，而第三方支付的服务企业，一般不会向银行提交交易的信息。举例，银行清楚自己的客户在支付宝花300元，但它不知这300元买了什么。这些数据的信息，恰恰是阿里云最核心的价值所在。银行业内机构都知道，客户数据信息决定了各家银行在市场上的生存空间和发展空间，况且这个客户也是自身持卡的客户。这是银行有必要做电商金融服务项目平台的关键所在。如图9－2所示。

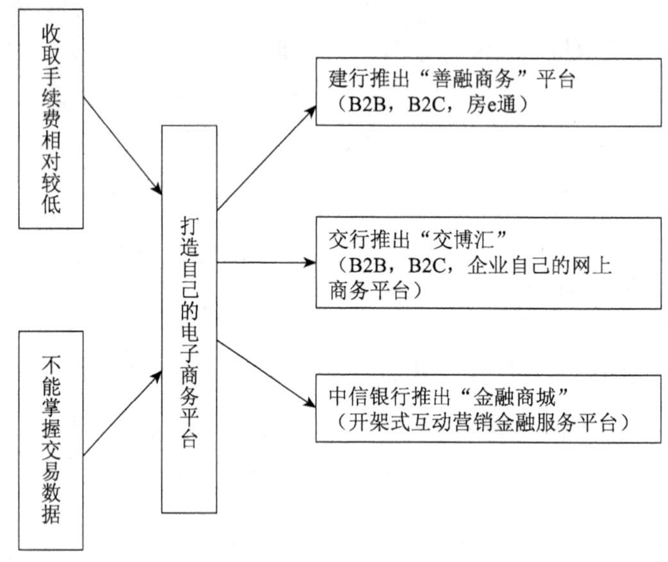

图9－2　商业银行打造自己的电商平台

9.1.2　通过服务平台来获取业务

将平台资源掌控于自己手中，占据产业链的主导地位。

第一，借鉴建行、交行的模式，打造银行属于自己的电商平台。搭建电商平台前期需投入大量的资源及资金，且电商和银行业务的属性各异，通过我们研究分析认为银行可进行创新尝试，中小型规模的银行可建立特定行业的电商平台，比如二手中介类服务交易业务等。

第二，借鉴业内银行的平安，建供应链金融平台，通过对商流、物流、资金流、信息流的整合，提供适应在线的综合金融业务及增值服务。

第三，借鉴业内银行兴业的银银平台，搭建金融业内机构在线交流平台，促进彼此间的信息共享及金融产品的营销。

第四，搭建小贷公司联盟平台，利用业内成熟的风控系统和丰富的网点，在线以 P2P 的模式寻求贷款资源和需求。其次可通过债权转让模式推动小贷资金跨区流动。

9.2 以开放平等的姿态和网络平台开展多方位的合作

9.2.1 商业银行与电商平台合作

商业银行机构与电商联手，在合作模式上创新思路，跨界经营，提供更多更好的产品和服务，实现双赢的局面。

第一，商业银行与电商紧密合作，利用互联网技术开展在线信贷业务。电商拥有数量可观的客户群体及客户资源，在线小贷能极大的满足一部分客户群体融资难的呼声。突破了传统受限于时空的限制、资金来源的限制、贷款额度的受限。商行和电商应充分利用各自的自身优势，强强联手、研发出适用于线上客户的信贷产品。

第二，商业银行与电商共同展开信用支付的新业务。为客户提供信用支付的额度及信用卡业务的专业风险管理服务，商业银行和电商可以联发“网络信用卡”，资源共享。

第三，利用第三方支付平台账户资金，购买合适的银行理财产品和开展基础银行业务，盘活第三方支付的资金沉淀，以开放的姿态进行深度的紧密合作。

9.2.2 推进与战略伙伴的深度合作，搭建一站式金融服务平台

创新业务模式，搭建一站式服务型金融平台，整合资源、流程再造，为客户提供资金和信息流的服务同时、满足客户日益增多的多元化需求；银行与电商合作双方构建共赢互利、战略同盟的紧密型的合作关系。

互联网世纪的大背景下，商业银行与电商平台、第三方支付、三者只要合作得当，可以共同开辟创新出新兴的庞大市场，举例：脸谱与花旗的合作模式堪称业界典范案例。通过客户消费信息流数据的分析处理，建立大数据、可以高效精准的对客户进行营销。

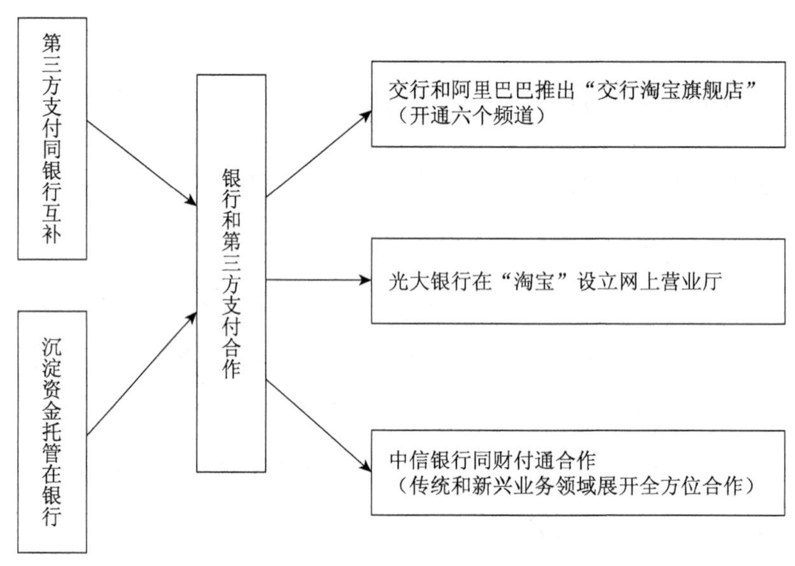

图9－3 银行同第三支付合作

资料来源：wind资讯

第三方支付平台的蓬勃兴起是对商业银行传统业务的弥补，第三方支付与商业银行在业务趋势上来是合作是必然的历史趋势，优势大于劣势，

第三方支付平台不仅可以有效减轻商业银行交易包袱，还能给银行客户带来极大地便捷。

2012 年 7 月 23 日，阿里巴巴和交行联合推出“交行淘宝旗舰店”，首度开放服务囊括六个频道的金融产品。光大也将金融服务产品放到淘宝进行销售，同时开办银行网上营业厅。

围绕以客户服务为中心开展小微业务，在市场细分上，银行业各机构充分发挥自身优势，针对客户推出综合金融服务，除融资需要外，还包括非融资领域开展小微业务，例如：咨询、结算、增值服务等项目，便捷式的综合金融服务模式极大的满足了客户多元化的需求。

10　运用互联网技术 再造银行流程

中国经济发展进入到“提质增效”“机构优化”的新时期，全球经济增速放缓，经济增长动力加速转换，产业结构不断变化，金融体系改革不断推进，利率市场化基本完成，汇率市场化和人民币国际化步伐加快，以互联网金融为代表的新型金融业态迅速崛起，对商业银行提出新的要求。商业银行将进一步提升信息化水平，加强业务集中处理能力，实现规模化、标准化的作业模式，最终达到经营管理的全面集中和集约，有效降低生产运营成本，控制经营风险。商业银行银行将持续推进数据平台建设，将银行内部各管理系统按照统一的信息技术架构全部整合到一个系统管理平台，实现各系统互联互通，实现数据集中、整合、共享、挖掘，提升业务管理水平和客户管理水平。

10.1　力争服务效率改善，重新审视银行管理模式

10.1.1　构建新型组织架构体系

商业银行要着手建立与互联网金融相匹配的新型组织架构体系。一方面，通过新增核心部门将互联网金融上升到全行战略层面统筹谋划。通过独立或半独立的组织运作体系，给与互联网金融创新业务更多的自主经营

权限。另一方面，重视多渠道整合协同，推行互联网金融“入口经济”理念。其中，大型银行已开始依托互联网技术将柜台、客户经理、自助设备等渠道无缝接入大数据平台，实现渠道间产品整合、信息共享、流程衔接和服务协同，真正实现为客户提供一揽子金融产品、一站式解决方案和一体化流程体验。

10.1.2 探索银行产品和银行服务的虚拟化，为未来做出长远布局

打造真正意义上的网络银行，依托互联网直接进行金融产品的销售；探索银行产品和银行服务的虚拟化，为未来做出长远布局。借鉴 ING Direct 的模式，探索通过网络直接销售金融产品，全力突破远程开户和网络授信核查等关键技术难关，打造适用于网络销售的独特的金融产品体系，以“简单的产品，优惠的价格，直接的渠道，精准的营销，高效的运营”来突破传统网点对银行经营的限制，在网上再造一个商业银行。从长远来看，随着数据化和网络化的全面深入发展，金融服务将向虚拟化方向发展，包括产品的虚拟化、服务的虚拟化、流程的虚拟化等，从而全面颠覆商业银行的管理理念和运营方式。近年来，中行推出的“虚拟信用卡”、交行推出的 3D 网银系统等都可以看作是在这方面的有效探索。商业银行应当转变思想观念，加强在产品和服务虚拟化方面的探索，同时加强 IT 支持能力、数据分析能力等配套能力建设，为电子化和虚拟化的未来做出长远布局。

10.2 以业务流程重组推动金融业组织变革

互联网金融之所以能够在金融业资产类业务领域能够带给商业银行以

巨大的冲击，及基本核心在于互联网金融能够在金融业的资产类业务中充当信息中介和货币中介职能，能够替代商业银行作为金融贸易和流通中心的大部分职能，并且互联网金融本身具有低成本、低门槛和高效率的特征，以致对中小型融资客户具有极大的吸引力。

商业银行应当对现有的资产类业务的业务流程进行重新归并。在互联网金融条件下信贷业务的处理是基于资金的需求方和供给方自我发动，而互联网信贷平台在其中只起到第三方监管作用，这样整个信贷业务的交易过程具有完全的灵活性和自主性，这样信贷资金的配置效率较高，使用成本降到最低。但是商业银行信贷业务中，金融机构作为信贷中心存在，信贷资金的发起和信贷资金的供给都是以商业金融机构作为核心。这样作为集中的信息和信用处理网络，商业金融机构本身有巨大的商业风险积累和商业成本开支，此种条件下，线下商业金融机构有大量的资源用于控制信贷风险和支付商业成本。线下商业金融机构应当仿照互联网金融的信贷业务方式对传统的信贷方式和流程进行业务重组和组织变革。通过将部门制流程化的信贷处理方式进行重构，建立基于团队的信贷风险控制和信贷成本支出单元，尽量降低不同业务流程的信息成本开支，提高信贷业务的灵活性。同时对原有的信贷部门和员工基于部门职责的业务分工进行重组，要求员工和团队具有从事多种信贷业务的能力和条件。对员工的激励方式也应当尽可能与个人的信贷业务服务成果具体相关，以密切不同业务职能之间以及业务部门和金融客户之间的联系。

更主要的是，商业银行应当尽可能的利用多种金融投资渠道将本身信贷业务的风险和成本集中改造成为信息和信用的集中，尽量降低其在信贷融资过程中风险和成本支出，减少金融企业在获取融资支持和对金融客户服务过程中的门槛限制。具体做法是商业银行应当通过不断实施的资产证券化和小额客户集团化，将不同客户的金融服务需求通过直接融资渠道发散出去，这样就将其风险控制分散在金融客户的投资需求中，将融资成本通过资产证券化渠道进行分散化配置，这样就改变了商业银行信贷的刚性约束、固定风险和投资收益配置。通过信贷资产的打包销售，可以将不同信贷需求方的收益和风险组合进行多种灵活配置，降低了信贷需求方的融资门槛，提高了其融资效率。并且商业金融机构资产证券化的实践将极大的推动商业金融机构的业务和资产机构改革，促进其不断与互联网金融进行融合。

10.3 以信用控制改革提升金融业风险管理效率

互联网金融信贷平台的建立，是基于信贷资金的供给方和信贷资金需求方彼此信息完全沟通条件下，在资金交易过程中建立的信用关系，因为互联网金融信贷平台作为交易的第三方，仅仅提供了信息交流的平台和资金流通的渠道。在资金流通过程中，交易双方产生的信用风险并不承担担保责任，这就要求交易双方必然要通过信息交流平台，在短期内建立起双方的信用交易基础，这对互联网信贷平台的信息搜集和传递质量和能力提出了很高的要求。有些互联网信贷平台在信息交流过程中因为技术条件和能力所限，不能在短期内通过大数据量的技术处理和传输建立信贷双方的信用关系，这导致基于互联网信贷平台的机会主义行为层出不绝。

相对于互联网金融企业，商业银行对信贷风险具有完全清偿责任，要求其通过风险补偿程序和风险审核流程来减低自身的成本支出，但是，带来的结果就是信贷流程的固化和效率的降低。未来商业银行和互联网金融企业对信贷风险控制方式的不同导致双方具有深度合作的可能。随着近年来云计算和大数据等信息技术手段的进步，降低了互联网金融的信贷双方大数据信息交流的难度和成本，阻碍短期网络信用关系建立的难度因而不断降低，但是，技术的进步并不能从根本上解决网络交易风险补偿机制欠缺的困境，而只是将交易风险补偿用社会信用水平的进步加以弥补，这样无形间也减少了互联网金融的客户资源。

商业银行能够通过自己的日常交易活动，积累大量的客户金融信用数据，并且由信用风险的控制流程和实质性的手段降低金融企业担责的信用成本，这两者之间具有合作的条件。首先，互联网金融能够利用商业银行提供的金融交易数据，对金融用户的信用水平做出更为准确的评估。某种程度上，互联网金融对商业银行数据的利用和处理能够相应的提高其服务用户的弹性和灵活性，更容易导致其信贷平台建立起信贷双方的互信机制。并且，因为商业银行交易过程中体现的信用水平一般要高于社会信用水平，这导致互联网金融信贷平台通过对其数据的处理和传递相比较社会信用，更容易建立信贷双方的信用机制。更不要说，互联网金融信贷平台还可以直接借用商业银行信贷的信用风险管控和评价手段，来控制互联网信贷平台的机会主义行为。其次，商业银行也应当积极借用互联网金融的信用控制手段和方式。虽然，互联网金融的信用风险控制相比较商业银行风险控制的水平较低，但是，互联网金融在风险控制过程中有更少的人力资源介入，有更少的成本支出，而且用户彼此之间信用关系的建立自由度更大，这都是商业银行所不具备的优势。因此，商业银行应当借鉴互联网金融平台对发散数据的处理方式和手段，通过和线上商品交易平台和金融平台的合作建立自身的大数据处理中心，将互联网交易的大数据分析和商业银行本身的金融信用分析相互结合，尽量降低金融企业商业信用建立和使用过程中的成本支出，在这个过程中也推动了线下商业金融机构的业务改革和机构重组。

11　学习互联网长处 打造差异化竞争力

互联网金融的迅速发展给银行业带来经营模式方面的挑战。在互联网金融的冲击下，商业银行面临“去柜台、去网点”的发展趋势，这不利于银行保持传统客户的粘性，使银行面临传统客户流失的风险。与此同时，银行要应对互联网金融来带的冲击，必须对原有的传统业务流程进行优化和改造，以打造与时俱进的经营模式，这要求银行加强对于相关技术、设施以及人力等方面的投资，这使银行面临较大的经营成本方面的压力。

11.1　实施差异化战略

互联网金融的中介业务的开展，给商业银行的发展带来明显压力，直接影响到商业银行在金融市场中主导地位，对商业银行未来的利润增长和市场竞争力的提升均带来不利的影响。在无法避免互联网金融对商业银行利益冲击的条件下，商业银行应当采取更为积极的应对措施以实现线下和线上金融的协同发展。

11.1.1　实施以差异化经营为主的业务发展策略

商业银行应当和互联网金融企业的客户群有所差别，其市场针对性也有所不同。虽然，线上的互联网金融的金融门槛低，用户能够实时进行双向的信息交流，具有较好的用户体验，但是，这一切都是建立在网络虚拟环境条件下。近年来，网络对居民生活的渗透率在不断上升，而并不是所有的用户能够利用网络金融办理金融业务，也不是所有的客户都喜欢在虚拟条件下进行金融业务的操作。互联网金融针对的客户群应当是有一定的网络基础知识，具备通过网络进行金融业务操作的能力，并且希望尝试新鲜事物的人群，这部分人群实际上是全社会人口结构中的新生代群体。虽然这部分群体掌握的金融资源数量在飞速增长，但是并不能代表社会金融资源的全部，还有部分客户群体对传统金融业务抱有好感，有些高端金融客户可能更喜欢面对面的私人银行服务，更不要说金融业传统的资金来源主渠道，对公业务依然难以对互联网金融产生足够的信任。在这种客户差别条件下，商业银行传统业务不会一夜消失，而是在与互联网金融的竞争中逐渐找到自身的客户定位，不断提高自身对高端客户、高净资产客户和传统客户的服务水平，提高自身对对公客户的综合性服务能力。这些业务在短期依然能够带给传统金融业以丰厚的利润来源。

从服务模式上，从纵向服务走向横向服务。传统网银服务模式是客户与银行之间的点对点服务，客户之间的服务过程被忽略。非银金融服务商的出现，改变了这种模式。它们提供的服务往往是在客户之间的服务过程中嵌入的，不会割裂客户的服务过程，从而让客户感到方便快捷，提升了客户服务的体验。银行服务模式的改变就是要将银行服务与客户服务的过程结合在一起。服务渠道上，从自建渠道向非银渠道拓展。首先，银行自建的渠道将更加丰富，桌面客户端、手机客户端应用将越来越多；并且其应用内容将更加细化，聚焦在某些关键服务种类上，产生更多的服务交互模式，降低服务获取门槛；其次，是银行服务借力第三方服务渠道，从而真正实现服务就在用户身边的理念，网银服务将植入用户的常用互联网场景中，比如针对微博、社区、B2B、B2C 网站等的服务聚合应用。①

11.1.2 实施以协作竞争为主的业务竞争策略

商业银行应当与互联网金融之间形成协作关系而非竞争关系。商业银行和互联网金融企业的各自具备相应的优势和针对客户，在市场竞争中，商业银行应当首先和互联网金融企业的融合，而非相互竞争。商业银行从业时间较长，积累了丰富的客户资源和信用评审资料，这都是互联网金融在短期内难以克服的难题，通过线上和商业银行的相互整合能够更好地实现金融业竞争力的提升。将互联网金融企业相对先进的数据处理方式和手段，以及商业银行相对成熟的信用管理方式相互结合，并且，互联网金融企业还能够使用商业银行的征信渠道和数据资源，能够通过商业银行实现资金的实时结算，商业银行也能够使用互联网金融的大数据处理能力，对金融市场中的客户需求变化做出更为准确的判断。

由于银联、众多非银支付机构在线下占据大量收单业务的市场份额，所以，会掌握较多中小企业以及个体工商户的交易信息，而这些信息具有较强的可信度，商业银行可采取与银联和非银支付等平台进行合作，以该类机构下的商户作为主要目标客户群体，开展互联网金融业务。

11.1.3 实施以电子网络化为主的业务运行策略

未来的移动支付将更便捷、人性化，无论何时，无论何地，无论何种方式都可以快速的完成相关的交易支付；随着移动支付的安全防范系统的发展与升级，移动支付将会逐渐从现阶段的小额支付领域过渡到大额支付领域，从而在未来代替现金、支票等传统的结算支付手段；这就要求新一代互联网银行需在服务的模式上、服务的渠道上以及服务的实现方式上全

① 朱小霜．互联网金融对我国中小商业银行发展的影响研究［J］．郑州大学硕士论文，2015，3.

部重构。①

商业银行应当提高自身的电子化和网络化服务能力，以提高在互联网金融市场的竞争力。商业银行的电子化和网络化水平虽然在近年来有显著的提高，但是，大部分金融机构依然将互联网作为信息传递的平台和渠道，难以根据互联网的特点来创新传统金融服务，并且，在互联网金融服务的推广和宣传方面，投入的人力和物力资源还远远不能达到互联网金融业务发展的需求。在自身优势下搭建自主电子商务服务平台。商业银行可以通过利用互联网时代的金融途径来建立符合自身体系的金融平台，培养消费者的忠诚度。介于商业银行线下的优势，在建设互联网金融业务时，更应当充分商业银行网络的资源优势，集合互联网金融的技术和渠道优势，形成商业银行的独特个性和竞争力。

第一，应当利用商业银行平台努力推广网络金融业务。商业银行应当对传统的物理营业网点进行改造，不仅应当将其作为传统金融业的成本中心、利润中心和渠道中心，更主要的是将其改造成为新技术、新业务的展示中心、新市场的研究中心。在金融机构的营业网点中，互联网金融能够实时进行服务的展示，并且商业银行服务能够进行线上处理的环节都首先在物理营业网点进行展示和运行。商业银行还可以更进一步，用定制化的网络金融渠道吸引网络金融的潜在消费者使用定制的网络金融产品。比如针对高净值金融客户使用网络金融的要求，只要符合一定的金融服务条件，可以赠送其网络金融的终端产品，只要能够每年能够使用定制化的网络金融若干数量和达到某些标准，金融机构就应当免费提供网络使用费用和服务使用费用。通过这种方法，将高净值客户群体紧紧吸引到金融机构提供的互联网金融服务中。

第二，商业银行提供的互联网金融服务，应当尽可能与线下金融服务

① 杨剑．互联网金融对银行的影响［J］．厦门大学硕士论文，2014，6.

做到无缝衔接。要求网络金融的服务设计应当尽可能做到以客户为中心，而不能以业务流程为中心，不能够只将线下的金融服务流程搬到网上就算完成网络金融服务创新，而是在提供网络金融服务时，也能够做到以客户服务为中心，将客户的金融服务在线上操作时一步就可完成，提高客户网络金融服务的满意度，并且能够与线下金融业务进行紧密衔接，具体的后台业务部门的处理应当对客户保持黑箱状态，用户不应当对具体的业务流程过度关心。但是，这在电子商务时代早就成为网络服务的规划标准的网络金融服务准则，在商业银行进行互联网金融业务设计时，依然还没有达到。

第三，商业银行应当充分利用互联网技术和网络中介平台，提高自身的信用管理水平。之所以传统金融业对不同的金融用户进行不同的信用风险管理政策，其根本原因在于金融机构和金融用户之间存在信息的不对称，这样才导致金融机构用资产抵押和信用担保将金融客户的混合均衡进行分离，将高信用客户和低信用客户通过外部信号的传递产生分离，降低金融业的授信风险。但是通过互联网金融的中介业务，传统金融也可以通过用户的互联网数据的存储和分析，来判定用户的金融风险，从而降低金融机构对金融信用传递信号的依赖，从而更好的推动线下的金融业务创新，在这个过程中，互联网金融的中介业务平台和线下的金融机构能够形成相互之间的协作关系商业银行能够不断锲入互联网金融的业务流程，最终实现二者的整合。

11.1.4 实施差异化存款定价策略

我国采取了渐进式的利率市场化改革方案，总体思路为“先外币、后本币；先贷款，后存款；先长期、大额，后短期、小额。”经过 20 多年的发展，2015 年 10 月 24 日，央行彻底放开存款利率管制，利率市场化改革完成。利率市场化在形式上完成后，对存款的竞争主要体现在价格上的竞争，各家商业银行将综合考虑资金供求、同业市场、市场风险等情况，对客户实施分层管理，测算客户贡献度，以客户综合贡献水平为基础，对存款实施差异化定价策略。

11.2 提升客户体验 增强客户粘性

11.2.1 拓宽客户渠道，拉动增量客户

推动客户重心“下移”，大力发展中小微客户，扩大存款业务来源渠道，以私人银行、信用卡、财富管理、养老金融、代收代付等业务拉动零售客户增长。深入分析目标客户，充分挖掘重点客户潜力，积极推动客户导入、升级与结构优化，加强对高端机构和个人客户的跟踪服务，提升负债增量，拉动关联客户的增长。利用当前经济发展转型、产业结构调整和资金回流的有利时机，大力吸收企业存款，拓宽个人储蓄来源。同时，不断优化存款业务客户结构，拓宽客户渠道，尤其是减少对单一客户的依赖程度，增强存款的稳定性。

11.2.2 提升客户粘度

打造综合金融服务平台，为客户制定一揽子金融服务方案，从单纯的存款或理财产品推介转向全天候、多角度、立体化的综合金融规划、财务方案、投资管理、管理咨询及其他增值服务，不断提升客户粘合度与综合贡献度。实施一体化综合营销策略，加强与理财、投行等新兴业务的良性互动，不断提升客户粘合度与综合贡献度。另外，当前互联网金融快速发展，银行业进一步拥抱互联网，通过网络渠道对传统业务模式的改造、产

品创新推动将持续发力，虽然长期来看银行业经营成本有望持续下降，但短期内仍需要保持一定资源投入。

在零售方面，互联网金融公司利用支付通道黏住客户群体，客户在B2B领域，由于涉及交易金额大，出于资金安全及信任，更愿选信誉好的商业银行来支付交易。应用—银行—客户，零售银行通过掌握支付终端，留住客户。现今，第三方支付已进入转型期，已向创造需求转型。为了满足人们的消费需求，紧紧围绕移动支付解决方案而进行。移动支付市场，便携刷卡器、支付宝、微信扫码支付这些新商业支付新模式，已逐步取代银行的支付功能。便捷好用是人们最喜欢的支付方式和也是行业方向发展的主流趋势，在未来移动支付将无处不在，成为人们日常生活息息相关密不可分的重要组成部分。

11.2.3 侧重自身金融服务重点

面对进入小微市场竞争者日益增多，作为不同类型的金融机构及互联网金融机构，应清晰找准客户的定位及自身业务发展的侧重点，提供专业化的服务同时，逐步形成差异化的经营模式。对不同需求及层级的小微客户群体进行细分、定位、信用评估、风险控制和准确定价，这是金融机构所面临的重大问题。举例，阿里信贷将客户在电商系统的数据信息进行信用评估，以此为据发放小贷。招行是在服务于六千万零售客户层面上做小微业务。

满足客户体验，重新审视金融产品设计。互联网金融的蓬勃兴起，其中关键因素是为客户提供了高效便捷和个性差异化的金融解决方案。随着金融市场需求日益多元化，要求商业银行根据市场的强劲需求，不断开发出适合大众需求的互联网金融新产品，利用移动支付的便捷，与日常生活密切相关，来满足大众客户多元化增长的需求。

依据客户结构层次推进，重新定义金融渠道建设。在互联网金融时代，线上和线下两种渠道作为互补关系。当电子支付从线上进入线下，可以随时随地满足任何环境下的金融服务需求，物理渠道因时因地制宜的个性化设计就显得格外重要。银行网点不应该也不能再“千人一面”，从最初选址到产品陈列，从前台风格到后台处理，未来银行物体渠道应当体现精准定位和区别化服务的概念，做到因时因地因人制宜。

11.2.4 积极介入低端客户群体，契合转型背景

银行长期忽视中低端客户群体，但在新的行业背景下这一情况得到改变。我国银行业目前正面临利率市场化、脱媒的挑战（其背景是金融自由化，以及直接金融的发展。我国正处于这样一个进程之中）。参考西方发达国家已有经验，此时银行面临大中型贷款客户的流失，信贷业务转向为小企业或个人（即客户群下沉，倾向长尾市场），为大客户则提供综合金融服务。

因此，发展中小微企业业务成为银行当务之急。银行的服务边界也逐渐向长尾端推进，而互联网金融为银行提供了可行的思维和模式。同样，银行也面临这两个要点：一是单个客户边际服务成本足够低，二是客户量足够大（并且最好有粘性）；单个客户的边际服务成本，主要有两块：一是客户获取和日常维护的成本，二是信用审核成本；前一类成本是任何企业都会面对的，后一类成本是金融企业开展资产业务时特有的；大数据在征信方面有其独特价值，可以实现用较低成本达到信用审核的目的，因此，获取大数据成为银行关键的步骤。①

大型商业银行是具备较好的大数据基础的，但是，由于信贷业务的规模经济，银行往往尽可能寻找大型客户，即俗称的“傍大款”，因此大型

① 杨君．互联网金融影响下银行低端客户市场发展策略［J］．运城学院学报，2015（10）．

银行本能上不偏好小微业务。迫使银行开展小微业务的有效办法就是限制其规模，使其无力服务大型客户。因此，小微业务多由中小型银行办理。但是对中小型银行而言，其掌握的信息可能还称不上是大数据。因此，这里存在一个规模与偏好的天然矛盾。

12 借鉴互联网模式 加大金融创新

互联网金融对商业银行的发展和未来形成了双重冲击。作为新兴的金融市场和金融产品竞争平台，互联网金融摆脱了商业银行对资产规模的限制，也部分摆脱了中央政府的金融监管机构对金融产品创新的种种限制，对于商业银行而言，借助互联网金融能够实现在短期对大型商业银行经营优势发起挑战，迅速增强运行效率和金融服务能力，从总体上提高其竞争能力和对实体经济的服务水平。但是另一方面，互联网金融对商业银行在短期必然带来严重的不利影响，这种影响首先是互联网金融会短期内严重影响其盈利能力，其次是商业银行的资产质量和风险水平也会随着互联网金融的兴起而相对恶化。

12.1 服务模式创新

12.1.1 以金融产品创新提升客户资金吸引力

互联网金融对客户现金流的吸引主要来自于，与互联网金融能够以更高的利率和更快捷的方式，吸引中小投资者的现金投资，并且在投资过程中，互联网金融还能够优化现金投资结构，能够保证客户资金最大程度的流动性。但是，互联网金融的客户资金的投资渠道依然是以货币基金为主要投资对象，这与商业银行的货币投资对象相比较而言并没有太多差异。

商业银行应当利用自身的金融业务优势，对客户资金的管理上具有更强的灵活性和效率，以保证客户资金尽量较高的投资收益，以降低客户资源的流失。另外，对高端金融客户和对公客户而言，互联网金融提供的金融服务并不能完全满足其要求，其对金融服务的要求更多的是集中在金融业务在提供相应较高的投资收益的同时，具有信用风险较低、金融业务公开透明特点，并且能够帮助高端客户进行服务和金融业务的创新。因此，商业银行应当更多地关注高端客户和对公客户对复杂金融产品创新的需求，以及对客户资金结构优化所起作用方面，更进一步应当是对客户的综合性财富和财务管理起到核心咨询和辅助作用，这就要求商业银行持续不断加大金融业务创新和复合型金融人才的培养和投入力度，以更好的适应互联网金融条件下金融业客户群体不断分化的现实要求。

12.1.2 以服务质量改进增强客户服务能力

虽然商业银行相比较互联网金融在客户体验与实时客户信息交流方面具有先天的弱点，但是这并不能约束商业银行在提升客户服务质量方面毫无作为。商业银行至少应当从两个途径来努力提高金融客户接受金融服务的体验性。

首先，商业银行应当对高端客户和对公客户不断提升面对面金融服务的质量。这种面对面金融服务质量的提升应当更多的从用户的知识体验服务入手，而不是仿效互联网金融，通过不断降低金融服务费用和门槛来提升金融客户服务水平，实际上商业银行对高端金融客户和对公客户应当不断提升的是金融服务的门槛和费用，而不是和线上网络金融的混同竞争。为实现此目标，商业银行应当更多的嵌入到高端金融客户的资金流程和业务流程中提供高知识含量的金融服务，应当在金融服务中尽量模糊其和金融客户之间业务和资金流动的限制，某种程度上，日本实施的“主银行”制对商业银行互联网的业务发展起到很好的导领作用。但是这种商业银行对金融客户的业务融合必须建立在信用风险壁垒严格监管之下，只有这样才能保证不同行业的金融风险相互隔离而不是相互传递。商业银行需要给予金融客户高质量的金融服务，首先要求金融企业能够具备跨行业金融服务的高质量金融人才，而商业银行现有的金融人才储备还不能达到此种要求，这要求其加大人才培养和人才引进力度，未来其部分业务与金融客户的业务相互重叠和衔接，以内部培养为主的人才引进方式可能更适合未来业务的创新和发展。

其次，商业银行应当主动开展互联网金融服务，以维护原有的客户资源不致流失。但是商业银行开展的互联网金融服务应当和互联网提供的金融服务相互区别，应当与原有的商业银行服务相互衔接和配合，对原有的金融客户应当起到增补作用而不是替代作用，应当利用原有的其服务机构健全、信用程度高以及金融业务多样的优点，利用互联网渠道增加商业银行业务的便利性和体验性，从而能够对原有客户资源进行巩固。

12.1.3 探索基于价值链的商业模式创新

商业银行应跟随经济结构调整和产业机构升级的趋势，重点强占战略新兴行业的龙头企业，支持其以获取资本溢价和行业定价为目的的行业整合。对于传统过剩行业采取适度介入的方式，重点支持在经济周期中具有资源和渠道优势的优质企业。同时，还应当不断探索实践基于客户价值链的综合金融解决方案，对重点行业供应链的上中下游每个环节进行聚焦和分解，加强商业银行之间的合作，开展在战略联盟、优势互补、资源共享、流程对接和知识技术相互传播的深度交流与合作。

优化消费信贷管理模式。对于新的消费信贷业务应优化消费信贷管理模式。首先，在风险可控、符合监管要求的前提下，运用互联网技术开展远程客户授权，实现消费信贷线上申请、审批和放贷。其次，合理确定消费贷款利率水平。可根据客户信用等级、项目风险、综合效益和担保条件进行定价。最后，在业绩考核方面加以优化。建议推行尽职免责制度。

12.2 加大渠道创新

12.2.1 以电子商务平台建设拓展金融服务渠道

互联网金融的迅速发展源于网络贸易和网络交易在经济生活中所起作用越来越大，所占比重越来越高，互联网金融本质上就是基于网络交易的线上支付手段而产生，由此导致业务范围不断拓展。商业银行的发展未来也要契合网络贸易发展的需求，为其提供综合性的线上和线下金融解决方案，从而能够牢牢把握金融业发展的客户资源基础。虽然商业银行的发展短期内其业务还不能实现完全的网络化，也不能直接和互联网金融形成直接的网络金融竞争关系，但是商业银行可以首先从培养客户资源入手，不断的将自身的金融业务范围向网络拓展。

12.2.2 以大数据处理技术增强金融业主动服务能力

长期以来，商业银行对金融产品和金融服务的推广和创新是基于事件推动方式进行，也就是说，作为金融产品和金融服务的供给方，商业银行并不主动基于自身利益和市场变化推出金融产品和服务，而是在金融市场中，由金融产品和金融服务的需求方主动提出金融产品创新需求后，由其再根据自身的能力提出针对性的解决方案和措施。从总体上，商业银行对市场趋势的把握和引领能力相比较实物产品市场有很大的差距，这导致其金融产品创新能力弱化，金融产品和服务的同质化程度严重。当然这里面有很大的程度是基于政府将金融业作为干预宏观经济的主要手段而施加了远比实物产品市场更为严格的监管手段而导致。

但是，不可否认的是商业银行的产品创新能力弱化还是和其数据搜集和数据处理能力弱化有很大的关联。金融业产品的创新通常是提前于实体经济体现的创新趋势，所以对商业银行非金融数据的搜集和处理能力上提出了更高的要求。正因为商业银行的非金融数据处理能力严重弱化，甚至大部分商业银行还没有认识到非金融大数据对金融产品创新和变革的重大意义，所以极少在非金融数据领域进行大量投资，这样的结果是不同于商业银行对金融市场变化的感知和预测能力，基本没有太大的差异，进行的金融产品创新也不具有持续性，相互之间的金融产品的相似性很高，实际上还是以企业的资本量和规模效应作为决定商业银行竞争力的主要因素。但是在互联网金融条件下，这种对金融客户非金融数据的搜集、处理和传输却是网络环境下网络信用建立的基础，也是网络金融持续发展和创新的基本条件。

商业银行未来的差异化金融产品发展和创新，同样也离不开互联网条件下的大数据处理和云计算等非金融用户日常行为数据的搜集和分析处理。当然，从实施途径上分析，商业银行可以实施的大数据处理和应用方式可以通过下述渠道解决。首先，商业银行可以通过建立自身的大数据搜集、处理和分析中心形成自身独具特色的大数据处理模式。通过自身的大数据信息技术的投入可以建立自身的数据分析模式和处理途径，建立的金融市场用户需求和预测模型，能够指导商业金融机构形成自身的产品创新和市场预测能力，由此形成线下不同商业金融机构的差异化竞争和核心竞争能力，促进金融市场竞争更为充分和服务能力不断提升。但是在这种途径下，商业银行要投入大量的资源才能建立起符合自身业务创新需求的大数据处理和分析中心，这对于规模普遍较小的商业银行而言实施的难度较大。

由此商业银行能够选择的大数据处理途径只有第二种，也就是通过和互联网金融平台建立深度融合的关系，借助互联网金融平台庞大的信息和数据处理能力来形成线下商业金融机构自身对金融市场的预测和金融产品的持续创新。通过这种方式线上互联网金融和商业银行能够在市场数据分析和处理能力方面形成分工协作，商业银行能够通过较少的资源投入实现本身的市场预测和主动服务能力，但是这种方式对商业金融机构带来的竞争力提升不具备不可复制性，因为商业银行的数据来源是中立的第三方，这些数据的使用不归商业银行独有，也就是说，其他商业银行也能够利用第三方金融平台的大数据处理能力形成对金融市场的预测性判断。

12.2.3 网点转型

在互联网金融蓬勃发展的时代，物理网点并非包袱，而是需要进行转型；物理网点仍然是银行获取客户、提升市场影响力、拓展业务的最基本渠道。在其基础上推进银行业务互联网化，致力于线上线下一体化。银行应以现代科技与互联网技术为基础，以物理网点为依托，积极推进银行业务互联网化，加快网上银行、手机银行、电话银行以及自助服务的推广与应用。而物联网金融则是互联网金融发展的更高阶段。物联网实现了虚拟经济与实体经济的交融，推动了金融模式的新革命——物联网金融，实现了人和物、机和物、物和物之间的信息交互，因而在业务转型过程中，应大力发展物联网技术，将物理网点、互联网、物联网有机结合起来，打造全方位、立体式、多层次的银行业务渠道端。

12.3 创新金融产品

12.3.1 丰富产品组合，助个人消费和小微企业

我国商业银行严重依赖息差收入，公司信贷业务是息差收入的主要来源。这与欧美发达国家明显不同，其收入来源主要依赖于零售业务。互联网金融背景下，利率市场化快速推进，商业银存贷利差将会面者这收窄的趋势。因此，商业银行加强零售业务转型是颇为必要的事情。

鉴于上述原因，我国的商业银行应当进一步拓宽零售业务的渠道，通过大力的推出与汽车消费、按揭等相关的个人金融业务，进一步提升个人金融的利润上升范围；除此之外，为了防止利率市场的改革造成的大型优质客户贡献度不够等现象的发生，我国的商业银行应当从中小型企业的融资风险等领域出发研究，大胆扶持有前景的中小企业，通过科学合理的确定担保方式以及提高贷款定价方面的相关能力，可以进一步降低交易风险；除此之外，商业银行还需要进一步完善自身的管理体系，建立风险管理的相关系统与工具，结合自身特色开发金融产品，不断改进相关的服务水准。①

12.3.2 完善产品结构，创新产品体系

为配合公司贷款业务发展，商业银行应大力建设交易银行、投资银行，同时培育跨境投融资和网络金融等业务模式，转变传统产品制的营销思路，加大重点产品的营销推广，做好产品开发、规模调节、营销协同和风险防控等工作。此外，借助投贷联动等政策机遇，围绕核心客户开展投贷联动深度合作，探索和形成投贷联动金融创新模式。

---

① 杨剑．互联网金融对银行的影响［J］．厦门大学硕士论文，2014，6.

为应对消费信贷需求的不断增加，银行应审时度势，积极进行探索创新。首先，在抵质押模式、首付比例、期限、还款方式等方面创新符合消费者需求的新产品。其次，在小额信贷方面进行突破。促进消费信贷与互联网技术结合，运用大数据分析技术，研发网络小额信贷，推广“一次授信，循环使用”的模式，打造自助式消费信贷平台。

12.3.3 在互联网金融的理念下创新理财工具

对于金融投资者而言其需求的金融产品应当是能够在全生命周期和全财富领域都能够根据自身不断变化的需求，由商业银行提供相应的金融产品和理财服务。但是商业银行很少能够提供相应的金融理财产品，这也就导致了商业银行和互联网金融企业提供的理财服务没有本质的差别，金融客户难以提升对其产品忠诚度。为应对这种情况，商业银行应当采取以下措施促进自身服务能力的提升。首先，建立一站式服务的投资理财服务中心。一站式服务的设立应当是根据客户的现实投资需求规划服务内容，并且能够对投资客户的全方位信息，其中也包括大量的非金融信息进行及时的了解和分析，从而能够根据客户在不同阶段的投资需求提出自身的解决方案，在这个过程中投资者和理财中心的关系已经摆脱了服务和被服务的关系，而是形成了相互合作的投资伙伴的关系，这样就能够带给投资者更好的投资体验和投资满意度，以提升其客户忠诚度。其次，通过和基金公司和证券公司以及其他金融中介机构的合作，提供给客户更加多样化的理财产品的同时，通过电子银行或者互联网支付平台的渠道提供给客户更加公开透明的信息服务。提供的信息应该更加透明和及时，并且，互联网金融理财服务和商业银行理财服务相互配合，能够提供给客户更灵活的投资期限选择，如果能够与商业金融机构的短期投资业务相互结合，商业银行也能实现像互联网金融那样提供实时赎回的高回报理财业务。

以理财产品收益的提升应对互联网金融的冲击。商业银行的投资理财类产品的投资收益相比较互联网金融有较大的差距，其根本原因在于，商业银行的投资理财能力和投资渠道相比较互联网金融没有显著的差异，并且互联网金融本身低成本的运行特征，导致商业银行的投资理财收益少于互联网金融。但是，随着商业银行的政府管制逐渐放开，其跨业经营和金融集团的建设已是呼之欲出。在这种条件下，商业银行应该积极和各种类型的金融投资中介进行紧密合作，拓宽金融投资领域和渠道。更为重要的是商业银行应当不断增强自身的跨行业经营能力，不断培养自身的投资人才储备，通过不断的推进不同金融机构的融合来推动其投资理财能力的提升。

以销售服务体验的完善应对互联网金融的影响。良好的服务体验意味着商业银行理财产品的销售能够在实时化、便利化和知识化方面满足金融投资者的需求。实时化意味着商业金融机构应该突出自身丰富的投资以及渠道管理经验，向互联网金融等新兴模式展现的优势学习，利用互联网渠道和线下渠道及时向投资者反馈投资品收益变化信息，以辅助用户的投资决策。便利化意味着商业银行能够提供及时灵活的理财产品投资渠道，特别是随着近年来我国基于移动互联网的移动支付市场规模增长迅速，商业银行也应当及时跟进技术的变化趋势，推出自身基于移动平台的理财产品销售和赎回渠道，特别重要的是提供移动金融产品买卖服务的同时还要能像线下理财产品服务那样提供移动条件下的理财咨询服务，当然也可以根据金融用户的投资等级建立不同的移动理财咨询服务标准，也可以提供相应等级的付费服务。知识化方面意味着商业银行提供的理财服务应当根据金融投资者的经济实力、风险承受能力、现有的资本类型等各种客观条件，帮助客户筹划全财富管理的金融理财服务，特别是针对对公企业客户，更应当在企业发展的不同阶段根据金融投资产品的需求制定一揽子的综合理财咨询服务，只有这样才能与互联网金融的提供的低门槛、低成本和低知识的互联网理财产品产生业务区分，才能够不断增强抵御外部金融冲击的能力。

13 加强互联网金融监管

我国互联网金融具有显著的积极作用，但是金融创新必须坚持金融服务实体经济、服从宏观调控和金融稳定的基本立场，包括切实维护消费者的合法权益、维护公平竞争的市场秩序、处理好政府监管和自律管理的关系，充分发挥行业自律的作用。

13.1 互联网金融的风险性

互联网金融的风险性其本质来源于互联网交易市场的自组织性。互联网交易的出现源自于信息技术的发展提供了非人格化的交易渠道，在虚拟化的交易条件下，不同行为人的个人信息很难得到验证，并且缺少第三方的履约机制对交易的机会主义行为进行约束。所以基于“野蛮生长”的互联网交易市场天生具有风险特征，而互联网交易市场的发展本质约束在于如何增加交易规模，提升交易价值的同时降低互联网的交易风险。近年来，基于第三方担保的互联网交易平台的飞速发展，部分降低了互联网的交易风险，但是，其对互联网交易机会主义行为的惩罚力度，还是难以适应互联网交易快速发展的需求。

13.1.2 互联网金融风险控制存在问题

对于互联网金融情况更是如此，金融业的风险控制一直是金融企业经营的核心环节。在互联网金融条件下，对风险的抑制只能依托于第三方的身份验证平台，或者基于网下的身份验证系统，但是这当然会对互联网金融的灵活性带来制约，另外实体经济条件下，从事金融经营活动有形或者无形的要受到外部监管部门的审核，其进入门槛和进入成本会导致金融企业从事机会主义经营行为将会承受高昂的沉没成本。但是在互联网条件下，对网上金融活动的监管并没有严格的进入壁垒，也没有程序化的进入审核条件，所以才会导致互联网金融企业的飞速发展。当然这种缺少控制的互联网金融发展环境在发展初期会促进互联网金融市场的形成，会促进互联网服务消费文化的养成。但是随着互联网金融市场的不断发展，未来互联网的金融仅仅依靠金融企业和第三方信用平台的风险控制难以根本上抑制互联网金融的机会主义行为，而政府作为公权力的第三方必然要在互联网金融的风险控制上发挥积极作用。

自 2015 年以来，互联网金融在爆发式增长时埋下的风险隐患逐步显现，以 e 租宝等为代表的一批 P2P 网贷平台爆发出诈骗、跑路等严重问题，互联网支付、网络借贷、股权众筹融资、互联网基金销售、互联网信托理财等问题频发，其风险随着银行业产品和服务的创新有可能持续蔓延，银行业在为相关企业提供授信业务，与相关企业开展合作都需加强风险防范措施并建立常态化的风险管理机制。

13.1.3 网络金融安全的重要性日益凸显

支付体系、信用体系、大数据作为互联网金融发展的底层基础设施，在“十三五”期间将逐步完善和发展。目前我国的信用体系以央行征信体系为主，新兴互联网金融企业被隔离在体系之外，信息孤岛制约了行业发展。随着征信牌照发放，央行将互联网金融统计纳入金融业综合统计范畴，我国信用体系将经历从封闭到开放的飞速发展。央行开始研究数字货币发行、网络支付逐步规范、农村支付环境建设提速将提升我国支付清算效率，为互联网金融发展提供底层基础设施和大数据支持。随着金融和互联网的融合逐步加深，支付安全、数据安全等问题隐现，未来网络金融安全问题将受到公众、监管机构、各大金融机构以及新型互联网金融企业的高度关注。

13.2 互联网金融监管的国际经验

互联网金融不仅在国内刚刚起步，站在全球的视野来看，也属于新兴事物。由于互联网金融不同于一般的电子商务，涉及到金融市场的稳定，因此，世界各国都已经（或者正酝酿）设法加以适当的监管，以防金融风险。

13.2.1 国际 P2P 平台监管经验

基于对国际几大 P2P 平台的分析，我们认为，国际 P2P 平台之所以能够保持相对稳健和快速的发展，关键是在互联网金融与传统金融之间找到平衡，既有吸纳、融合传统金融优势的一面，又有创新的一面。

13.2.1.1 通过资产证券化及权证流通分散投资者风险

首先，看 Lending Club 的运作流程。当债权人与债务人达成交易后，二者之间并没有发生直接的借贷关系，而是由 WebBank 对交易信息进行审核，并发放贷款至债务人。贷款交易后，WebBank 会将贷款的收益权打包出售给 Lending Club。最后，Lending Club 将这些收益权证依据贷款人依据借款人在其平台上认购的份额进行分割出售。这种运作模式与国内通常的 P2P 模式完全不同，实际上是由银行规范贷款、P2P 平台购买债权后进行证券化转售两个环节构成，从而脱离了单纯的“贷款归集—发放”的流程。其好处在于，一是贷款强制以份额的方式出售，从制度上避免投资者风险的过度集中；二是贷款收益权具有了证券的特征，从而被纳入 SEC（美国证券交易委员会）的监管之下，这样每一笔贷款都需要向 SEC 详细报告。收益权证的可流通为投资者进行投资决策提供了更多选择，更为未来发展更为复杂的证券化产品提供了基础及流通平台。

13.2.1.2 业务运营处于严格监管之下

在 2008 年，SEC 就已经开始对 P2P 平台进行监管。SEC 的严格监管对欧美主要 P2P 平台的运作产生了重要的影响。例如，2007 年 10 月，Prosper 为开办一个允许放款人交易收益权凭证的二级交易平台，向 SEC 提交了一份注册声明，但并没有注册收益权凭证本身。2008 年 9 月，SEC 认为 Prosper 违反了证券交易法，出售未经注册的证券产品，因此向 Prosper 发出了暂停业务的通知，直至 2009 年 7 月才允许其重新开始运营，停业时间达 10 个月之久。

13.2.1.3 风险控制和信用评级主要基于传统的社会信用体系

国际主流 P2P 平台都采用较为传统的风险管理和控制体系，利用社会征信机构的信用评分和公开信用数据作为参考，从而帮助债权人甄别每笔贷款的风险。P2P 平台一般会对贷款人的信用评分有最低要求，如：Prosper 要求借款人的 FICO 信用分不低于 640 分，而 Lending Club 要求不低于 660 分。而 Zopa 不但参考社会征信机构的评分，还要对借款人进行人工复审。他们认为，所有的信用数据只能代表过去的行为记录，本质上来说并不能代表未来他是否能偿还贷款；人工复审能够进一步了解贷款人的类型，推测其还款意愿和还款能力。有一点尤其值得注意，国际成功的 P2P 平台都是在原有基础信用体系和评估系统之上进行改进，并承认传统商业银行在这一领域的地位。他们经常会在公开场合表示，在风险控制这个领域，他们希望能够向商业银行进行学习。在这一方面也有前车之鉴，英国 P2P 公司 Quakle 在成立之初，建立了一套类似于 Ebay 用户反馈评分体系的风险评分体系，而放弃了传统的信用评分系统，结果是这家公司成立12个月后，累计高达100%的违约率，最终破产。

13.2.1.4 违约贷款处理有制度性的安排

欧美P2P平台一般都只是纯粹的撮合交易，不担保、不吸储、不放贷，但是会为问题贷款寻找出路，帮助投资人减少损失。例如，Lending Club与一家经纪商公司FOLIOfn合作，推出线上债权交易平台。出借人可以在平台上出让逾期债权，由专业的投资者购买。

13.2.1.5 利用大数据技术管理风险

国际P2P平台还采用大数据技术进行风险管理，提供平台对客户的风险识别能力。如Lending Club充分运用其掌握的大数据，完善风险管控体系，深入挖掘客户风险信息。他们通过分析发现一个现象，借款人在签署名字时的停留时间与其违约率成正比。Lending Club平台上公开披露每一笔贷款的详细信息，除客户隐私方面的信息以外，包括借款数量金额、还款情况等都是完全公开的。这种信息披露的完全性降低了借款人和放款人之间的信息不对称程度，同时也降低了借款人、放款人与平台之间的信息不对称程度，也可以降低平台本身的风险控制成本。

13.2.2 非银支付的监管

互联网金融各种业务模式中最重要的即为非银支付，欧美国家非银支付的起步远远早于中国，监管相对完善。欧美主要国家对非银支付监管的指导思想经历了从偏向于“自律的放任自流”向偏向于“强制的监督管理”的转变①，即在非银支付发展初期主要以鼓励创新、引导和适度监管为主，为其发展提供一个相对宽松的环境。当非银支付的经营模式相对成熟后，再进一步推出有针对性的监管措施，并加强行业自律监管，完善行

---

① 巴曙松，杨彪．第三方支付国际监管研究及借鉴［J］．载财政研究，2012.

业标准等。

欧美国家对非银支付监管的目标是明确的，那就是保障非银支付机构与其市场稳健发展，建设个高效安全的非银支付体系；并注重对消费者的保护。在监管原则上，他们都强调审慎监管原则、强化监管与支持创新兼顾的原则，同时强调过程监管和动态监管。欧美在监管模式上差异比较明显。美国金融监管制度体系较为完善，把非银支付看作货币转移业务的一种，因而在监管时尤其关注资金的转移过程，通过在财政部、美联储等多个部门之间的监管，既实现权力分散也实现相互制约。欧盟监管模式与美国功能监管不同，主要为机构监管，支付机构从事金融业务必须申请牌照并接受与商业银行同样的监管。欧美国家较为规范的非银支付监管，促进其健康发展与金融系统的安全稳定。

表 13－1　互联网支付监管经验

类别	概述	具体国家
互联网支付监管	各国通常要求支付机构获得支付业务许可后方准营业，但其准入门槛一般低于银行牌照的申领要求； 各国对业务监管主要强调反洗钱、深沉资金托管、重要信息披露、消费者权益保护等。	美国非金融机构支付服务实施联邦和州两级监管，监管重点是消费者权益保护、信息报告、反洗钱和打击金融犯罪等
		英国金融行为管理局（FCA）要求，包括互联网支付机构在内的所有支付机构需注册并符合相关的审慎监管要求
		法国非银支付机构由法国银行监管局会同法国央行，根据《欧盟电子货币指引Ⅱ》的相关规定进行监管，非银支付机构应当满足实缴股本、高管资质、公司治理和内控机制方面的准入要求
		德国《支付服务监管法》规定，非银支付机构应获得联邦金融管理局（BaFin）颁发的电子货币机构牌照，并且不能发放贷款，支付过程中的沉淀资金需要委托非银托管或提供提保，遵守反洗钱规定
		日本《资金清算法》规定，从事支付业务的非银行机构必须获得金融厅的许可，单笔业务资金不得超过 100 万日元

表 13－2　P2P 网络借贷监管经验

P2P 网络借贷监管	各国对 P2P 网络借贷监管主要有两种做法：一是金融监管机关根据法定职责，各司其职，制定适度和有针对性的监管规则；二是要求 P2P 平台申领银行牌照，适用银行业的监管规则严格监管。	美国 P2P 网络借贷的特点是放贷人不直接向借款人发放贷款，而是由 P2P 平台向放贷人出售与贷款相对应的收益权凭证。因此，个人通过购买平台的贷款份额参与放贷的行为，被美国证监会（SEC）认定为证券投资行为，受证券法约束
		英国 P2P 网贷适用《消费信贷法》，相关专门立法正在积极推进中，未来的监管原则包括：平台在提供贷款前应向借款人提供贷款安排的详细解释，确定主要风险，平台应在贷款之前对借款人的信用状况进行评估等
		法国和德国都没有对 P2P 网贷进行专门监管，而是根据银行法规定进行监管，任何机构以任何形式提供存款或贷款等银行类业务，都必须获得银行牌照
		日本主要通过“地下金融对策”系列法律对 P2P 网贷进行监管，强化市场准入规则，规定贷款利息上限，防止借款人过度借贷，强化对高利贷、无登记营业、违法发布放贷广告和开展劝诱活动等行为的处罚力度

表 13－3　众筹融资监管经验

众筹融资监管	各国对众筹融资的发展通常持鼓励、支持态度，但监管尺度有所不同，在一定程度上体现了适度监管的理念。	美国《创业企业融资法案》允许小企业通过众筹融资获得股权资本，对符合条件的众筹融资可以豁免证券法下的发行注册要求
		英国目前认可众筹股权融资的合法性，但并没有针对众筹融资的特别立法，而是将其纳入现有的金融监管框架监管
		法国金融市场监管局和银行监管局于 2013 年 5 月联合发布《众筹融资指引》，规定涉及证券认购或股权投资的，应遵守证券法律；贷款的，应遵守银行法规
		德国《资本投资法》规定，任何机构接受委托帮助他人发行证券或投资产品，都必须申请金融业务牌照
		2013 年 3 月，欧盟委员会公布“欧洲经济长期融资绿皮书”，提出要支持众筹融资等非传统融资方式
		日本对众筹融资的监管主要适用《金融商品销售法》及《金融商品交易法》

续表

金融机构创新型互联网平台和基于互联网的基金销售监管	一些国家对铭机构通过互联网平台销售的金融产品增加了额外的监管要求。例如，法国规定网络保险客户可以在 14 天内无偿退保
	部分国家对于互联网的基金销售参照传统渠道的基金销售来进行监管，主要强调以下两点：一是产品代销机构向客户推荐产品时，必须充分了解其需求和投资情况，保证客户需求与风险预期相匹配。二是对理财顾问的执业方式作出规定，避免理财顾问所在机构与其客户存在潜在的利益冲突，保护投资者权益

13.3 国外互联网金融监管的启示

13.3.1 完善的监管法律

2009 年，美国颁布公平信用卡支付方案，并于 2010 年进行修改。方案指出，身为美国国民的互联网消费者的信用卡在被欺诈后，其最多亏损金额不能高于 50 美元。该方案保护了互联网客户群体的利益。

2012 年 4 月，美国总统奥巴马签署企业振兴法案。该法案基于美国强盛的征信体系和优越的证券监管机制，规定众筹融资参与各方的权益与责任，以起到保障投资者和增进投融资的双向均衡。其主要内容包括：对发行人的限制。第一，要求发行人必须在美国证监会（SEC）备案，并向投资者和众筹融资平台披露规定的信息，主要是财务报告高管董事以及持股 20% 以上股东的信息募集用途发行额以及募资达标过程中的定期报。第二，不允许以广告的方式达到宣扬的目的，不过可以在众筹融资平台上进行宣传；揭露支付给这些筹融资平台的薪酬。第三，每一年应该向 SEC 和投资者提供公司运营状况和财政情况的呈报。第四，每一年由众筹融资平台招募资金的总体数额不得大于 100 万美元。对众筹融资平台的束缚。第五，必须在 SEC 做出记录为经纪商或集资门户，必须在自律监管性组织

（SRO）登记处注册；第六，必须向投资者讲明募集资金存在危险的地方并对投资者进行危险引导；第七，如果融资预定方针在预定期限内未能准时完成，不得将所筹到的资金移交发行人，不允许一些人以把潜在投资者个人信息泄露给众筹融资平台的方式而获利的行为。①

从欧美国家互联网金融发展历程可以看出，它们均得益于健全的法律体系。

13.3.2 完善的监管体系

通过对美国的互联网金融监控系统进行考察可以发现，为提高银行交易的安全性，这些存储类机构都受到联邦银行管控机构的严格和周密的管控；同时，在对消费者金融业务的开展和服务水平方面，也受到消费者金融保护局的严格管理和监督；联邦贸易委员会的主要职责之一就是执行联邦消费者保护法令，它不负责对该法令的实施进行监督，而是具体的执法机构；而美国证券交易委员的一项重要职能是对投资者提供保护，通常该联邦机构主要通过诸如揭露相关的反欺诈条款等手段实现其保护金融消费者与投资的目的；根据反欺诈条款中的相关内容，如果有公司将虚假或者是具有误导性、内容失真的信息传递给投资者，那么公司将要对该行为负责，承担相应的责任；与此同时，不只是美国联邦，监督管理机构已经遍布美国的各州，加强了对 P2P 等互联网金融业务的管理和监督；特别是在对互联网金融从业机构和人员，美国监管部门采取了较为严格的态度，一旦违法，将会受到严惩。②

13.3.3 充分保障金融消费者利益

欧美互联网金融监管的一个重要目标就是充分保障金融消费者的利

---

① 赵璐．美国互联网金融监管经验研究［J］．时代金融，2015（09）．

② 赵璐．美国互联网金融监管经验研究［J］．时代金融，2015（09）．

息。主要包括：对消费者一视同仁，同等对待；尊重金融消费者的隐私；对消费者的金融知识的教育以及风险意识的培养予以高度的重视。如：英国为互联网金融消费者建立了较为完善的维权渠道，专门成立金融申诉专员服务公司，建立非银支付争议解决机制。

13.3.4 充分发挥行业自律协会的作用

行业自律协会在欧美互联网金融监管中发挥着重要作用，发挥着监管者与被监管者之间平台的作用，有利于二者沟通，消除信息不对称，构建平衡的行业生态环境。

13.3.5 适度监管

各国对于互联网金融的创新，都持审慎的乐观态度，乐见互联网金融创新给金融体系带来的正面变革。例如，英国政府在 2013 年制定了一项方案，旨在通过 P2P 平台 Funding Circle 提供约 2000 万英镑的小企业贷款来刺激经济的发展①，今年还计划把 P2P 直接纳入个人储蓄账户获许范畴②，让投资人享受免税的投资收益；欧盟委员会 2013 年 3 月公布的《欧洲经济长期融资绿皮书》则提出要支持众筹融资等非传统融资方式；美国 SEC 对 P2P 机构进行规范化指导之后，使 P2P 机构迎来快速发展的新阶段；美国 SEC（证券交易委员会）的 JOBS（Jumpstart Our Business Startups Act）法案的 Title II 条例在 2013 年的正式生效，被认为会给众筹平台带来更大的机遇。

各国一般都遵循“适度监管”的原则，力求不让监管束缚住创新的动

---

① 谢彦丽（译）. 世界首家 P2P 投资信托上市公司即将问世［EB/OL］. 载“创业者”网站，http：//chuangye. cyz. org. cn/2014/0505/47454. shtml，2014，5.

② 网贷之家网站. 英国 P2P 借贷收益将实现免税，2014，3.

力。无论是美国证监会（SEC）对 P2P 的证券认定，还是法国的《众筹融资指引》，或是英国对众筹股权融资合法性的认可，都体现了政府及监管部门“适度监管”的原则：首先保持开放的态度，与相关机构厘清业务流程，然后在客观了解创新业务的基础上，站在全局高度分析可能的风险点，进而划定相关创新业务的“底线”——只要确保市场秩序的稳定、消费者权益不受侵害、金融体系不出现系统性风险，就鼓励具有高效、包容、普惠特点的互联网金融机构发展壮大。

可见，对于互联网金融的创新，在积极引导、谨慎鼓励、乐见其成的同时，按照适度监管的原则，贯彻底线监管的方针，是世界各国政府及监管机构普遍遵循的策略。本小节的国际经验总结，对于合理有效地开展我国互联网金融的监管工作，具有较高的参考价值和借鉴意义。

13.4 我国互联网金融监管的原则与对策

为鼓励金融创新，促进互联网金融健康发展，明确监管责任，规范市场秩序，2015 年 7 月，中国人民银行、工信部、公安部、财政部、国家工商总局、国务院法制办、中国银监会等监管机构发布《关于促进互联网金融健康发展的指导意见》（银发〔2015〕221 号），提出一系列鼓励创新、支持互联网金融稳步发展的政策措施，积极鼓励互联网金融平台、产品和服务创新，鼓励从业机构相互合作，拓宽从业机构融资渠道，坚持简政放权和落实、完善财税政策，推动信用基础设施建设和配套服务体系建设。该指导意见确立了互联网支付、网络借贷、股权众筹融资、互联网基金销售、互联网保险、互联网信托和互联网消费金融等互联网金融主要业态的监管职责分工，落实了监管责任，明确了业务边界。①

“规范”是互联网金融发展的基础，回归金融本质、坚守风险底线成为行业发展方向。近期监管部门密集出台了规范互联网金融发展的指导意见，网络借贷、支付、众筹、保险等领域均已出台相应管理办法（或征求意见稿），监管框架初步形成，预计未来监管分工更加明确，行业进入门槛逐步提高，监管趋向规范化和专业化。同时，基于创新、共享、协调的发展理念，监管机构将为新兴互联网金融业态支持普惠金融发展提供更多政策支持，引导互联网金融服务农村大众、服务个人消费者、服务中小企业、支持“双创”。

13.4.1　监管原则

一方面，互联网金融创新有利于发展普惠金融，有利于促进商业银行转型发展，一切有利于服务实体经济和促进创业增长的金融创新均应受到尊重和鼓励，应支持其发展。另一方面，对一些新的业务要留有观察期，要把握互联网金融发展规律，把控互联网金融风险，充分包括消费者的利益。因此，对于我国的互联网金融，既不能任凭野蛮生长，以致伤害金融消费者、扰乱金融市场秩序、影响金融体系稳定；也不能束缚过紧，使我国金融体系错过这股新技术推动的发展热潮，这就需要需要适当监管，既要支持其创新，又要防控你风险。

基于上述立场，提出我国互联网金融监管的五大原则。

一是互联网金融创新必须坚持金融服务实体经济的本质要求，合理把握创新的界限和力度。二是互联网金融创新应服从宏观调控和金融稳定的总体要求。三是要切实维护消费者的合法权益。四是要维护公平竞争的市

① 中国人民银行、工信部、公安部、财政部、国家工商总局、国务院法制办、中国银监会等监管机构发布《关于促进互联网金融健康发展的指导意见》（银发〔2015〕221 号）。

场秩序。五是要处理好政府监管和自律管理的关系，充分发挥行业自律的作用。

13.4.2 监管对策

13.4.2.1 健全互联网金融监管法律体系

明确各类商业模式与违法行为之间的界限，对于金融违法犯罪行为予以严厉打击，从而推动互联网金融健康有序发展。在防控互联网金融风险，打击互联网金融恶意犯法的同时，实时地修改《商业银行法》《证券法》《保险法》《票据法》等金融法律法规的部分条款，以适应互联网金融发展趋势。借鉴国际先进立法经验，尽快出台《放贷人条例》《电子资金汇划办法》《网络借贷行为规范指引》《网络理财产品规范指引》等与网络金融发展相关的法律法规、部门规章、规范性文件，明确各方权利和义务，防范控制金融风险。网贷管理办法应具有较强的具体化和可操作性。

13.4.2.2 统筹协调监管

我国的金融监管体制还属于分业监管，而互联网金融的跨业务、跨区域、跨市场特征明显，这极易导致互联网金融监管重叠和监管空白并存的问题。应发挥人民银行的主导作用，充分发挥金融监管协调部际联席会议制度的作用，完善金融跨行业信息共享机制。建议对互联网金融实施功能监管，即针对网络金融开展的业务进行监管。同时需要加强金融监管的国际合作，促进跨国互联网金融风险的协同处置，推动互联网金融跨国治理机制的完善。

13.4.2.3 提高互联网金融风险防范能力

建立金融各行业间、金融与实体间的风险防火墙。对整个金融控股公司与集团外单一交易对象的总交易金额进行控制，并规范各子公司间的相互投资，加强集团内部关联交易监管。在基于充分研究和良好实践的基础上，监管机构应提出互联网金融各类业务的技术标准，例如，对各类业务的数据监测、分析的指标定义、统计范围等，明确经营性指标和风险性指标的定期与实时报送和分析机制。互联网金融企业应主动与监管机构沟通，双方应围绕业务模式、风险识别、产品创新等达成共识。对于法律没有明确规定的“灰色”环节，互联网企业应及时与监管部门沟通，避免法律风险，并主动推动行业规则的逐步健全。

13.4.2.4 差异化监管

互联网金融机构开展的业务纷繁复杂，产品相互关联性较强，风险传染性较高。因此，在防范互联网金融风险时，需要对互联网金融机构从事的业务进行区分，并采取不同的监管措施。对非银支付的风险防范，我国已建立起较为完善的监管框架，在法律法规上有《反洗钱法》《电子签名法》等法律法规，在规章制度上有中国人民银行颁布实施的《非金融机构支付服务管理办法》《支付机构预付卡业务管理办法》《支付机构客户备付金存管办法》和《银行卡收单业务管理办法》等。而对其余三类互联网金融机构的监管，我国尚未形成较完善的监管体系。

在风险暴露方面，P2P 网贷平台累计停业及问题平台数为 1523 家，除两家国资系问题平台外，剩余均为民营系 P2P 网贷平台。促进 P2P 网贷阳光化、规范化发展，应尽快出台 P2P 网贷监管办法。与此同时，也应不断规范众筹融资和互联网金融产品的销售行为，根据互联网金融机构实现的不同功能，分类出台相关监管制度和办法，防止互联网金融机构风险的相互传染，切实保护好金融消费者的合法权益。

13.4.2.5 外部输入性风险有效隔离

银行业综合排查治理金融体系外部的风险输入，尤其在发展互联网金融业务创新和渠道创新等方面，严格落实监管部门出台的加强银行与非银行融资中介业务合作管理的制度规定，认真落实监管部门新出台的网络借贷中介机构业务管理办法，配合做好互联网金融风险专项整治工作，严防互联网金融风险蔓延到银行业。

13.4.2.6 加强行业自律

在互联网金融行业，政府监管起着保证行业健康发展的根本作用；互联网金融机构则通过不断创新推动整个行业向前发展，形成行业增长的主要动力；行业协会则是沟通政府、市场和企业的桥梁和纽带，是实现行业自律、规范行业行为、开展行业服务、保障公平竞争的关键环节。行业协会通过引导会员单位积极自律，促使会员单位形成互联网金融底线思维，坚决不触碰非法集资、资金池、自融等业务红线，促使互联网金融机构从自身角度提高风险管理意识和能力。努力打造“政府监管、行业引导、企业创新”的互联网金融新型治理框架和格局，形成规范发展的合力。

另外，涉及互联网经济的行业协会需要加强互联网用户的信息安全教育。“谁主张、谁举证”的司法规则在大数据时代提高了权利救济门槛。现代信息技术环境下收集和滥用个人用户信息的主体众多、渠道隐蔽，导致个人用户的举证难度极大，即便举证成功，在请求损害赔偿时也难以评估和证明个人的实际损失。由于事后难追究，受害者常常放弃追究，无疑是降低了侵权者的违法成本，也损害了公众的整体社会利益。因此，相关部门需要变事后管制为事前宣教可能更具有现实意义。

参考文献

［1］Allen H, Hawkins J, Sato S. Electronic Trading and Its Implications for Financial Systems［R］. BIS Papers, 2001, No. 11.

［2］Anguelov C, Hilgert M, Hogarth M. U. S. Consumers and Electronic Banking: 1995 – 2003［R］. Federal Reserve Bulletin, 2004, No. 12.

［3］Diamond, Douglas , Philip Dybvig. Bank Runs, Deposit Insurance and Liquidity［J］. Journal of Political Economy, 1983, 6: 121 – 152.

［4］Ebrahim Hosseini Nasab, Majid Aghaei. The Effect of ICT on Economic Growth: Further Evidence［J］. Working Paper, 2009.

［5］Freedman S , Jin G Z. Dynamic Learning and Selection: the Early Years［J］. University of Maryland Working paper, 2010.

［6］Cordon. Does the 'New Economy' Measure Up to the Great Inventions of the Past［J］. Journal of Economic Perspectives, 2000 (4): 49 – 74.

［7］谢平，邹传伟．互联网金融模式研究［J］．金融研究，2012 (12): 55 – 62.

［8］张坤．解析互联网金融［J］．银行家，2014 (05): 28 – 31.

［9］杨群华．我国互联网金融的特殊风险及防范研究［J］．金融科技时代，2013 (07): 30 – 34.

［10］周华．互联网金融对传统金融业的影响［J］．南方金融，2013

(11)：47－53.

［11］宫晓林．互联网金融模式及对传统银行业的影响［J］．南方金融，2013（05）：23－27.

［12］戴险峰．“互联网金融”提法并不科学［J］．中国经济信息，2014（05）：28－33.

［13］林采宜．互联网金融是个伪行业［J］．中国战略新兴产业，2015（17）：40－46.

［14］郑志来．P2P 网络借贷平台发展模式及对商业银行影响研究［J］．西南金融，2015（07）：53－58.

［15］杨蓬勃，苗好鑫，申尊焕．基于 KMRW 模型的高新技术风险投资市场的博弈分析［J］．统计与决策，2014（22）：32－37.

［16］王金山．农商行转型的挑战与创新［J］．中国金融，2015（08）：35－39.

［17］柳灯，秦海清．工行“融 e 购”B2B＋B2C 平台全解构：战略整合金融＋交易数据［N］．21 世纪经济报道，2015－01－26（6）．

［18］张肖飞，郭锦源，张摄．小微企业网络融资模式研究——以阿里巴巴小额贷款为例［J］．南方金融，2015（02）：57－62.

［19］颖泉．“互联网＋”的减法［J］．金融博览（财富），2015（04）：25－29.

［20］陈志武．互联网金融到底有多新［［J］．新金融，2014，（4）：9－13.

［21］成琳，吕宁斯．众筹商业模式的法律风险防范［［J］．商业时代，2014，（21）：114－115.

［22］程贵孙，孙武军，万玲珠．国外银行卡产业理论研究的新进展田，产业经济研究，2007（1）：72－72.

[23] 戴东红．互联网金融与金融互联网的比较分析［J］．时代金融，2014，(6)：31－32.

[24] 杜娟．试看火热的互联网金融［J］．时代金融，2013，36：182.

[25] 范家琛．众筹商业模式研究［J］．企业经济，2013，08：72－75.

[26] 冯静．国内银行发行和经营银行卡业务的风险及防范对策研究［D］．北京交通大学硕士学位论文，2008.

[27] 高岩桦．网络经济的特点及对未来经济影响［J］．信息系统工程，2014，(2)：97－98.

[28] 宫晓林．互联网金融模式及对商业银行业的影响［J］．南方金融，2013，(5)：86－88.

[29] 龚明华．互联网金融：特点、影响与风险防范［J］．新金融，2014，(2)：8－10.

[30] 郭新茹，韩顺法，李丽娜．基于双边市场理论的众筹平台竞争行为及策略［J］．江西社会科学，2014，07：79－84.

[31] 侯婷艳，刘珊珊，陈华．网络金融监管存在的问题及其完善对策［J］，金融会计，2013，(7)：66－70.

[32] 胡增永．互联网理财与商业银行理财业务比较研究［J］．财会通讯，2014，(32)：4－6.

[33] 黄海龙．基于以电商平台为核心的互联网金融研究［J］．上海金融，2013，(8)：18－23.

[34] 黄浩．电子商务是未来金融服务必争之地［J］．中国金融，2013，10：15－16.

[35] 霍学文．关于云金融的思考［J］．经济学动态，2013，(6)：33－38.

［36］贾甫、冯科，当金融互联网遇上互联网金融：替代还是融合［J］．上海金融，2014，（2）．

［37］姜洪，关于国家金融战略若干问题的思考［J］．国家行政学院学报，2007，（3）：14－19.

［38］焦微玲，刘敏楼．社会化媒体时代的众筹：国外研究述评与展望［J］．中南财经政法大学学报，2014，（5）：65－71.

［39］金中夏、黎江，云计算与金融创新［J］．中国金融，2012，（21）：79－80.

［40］靳景玉、唐平，网络金融对传统金融理论的影响研究［J］．学术论坛，2008，（4）：65－69.

［41］李炳、赵阳，互联网金融对宏观经济的影响［J］．财经科学，2014，（8）：21－27.

［42］李博、董亮，互联网金融的模式与发展［J］．中国金融，2013，（10）：19－21.

［43］李大治，徐奕晗．互联网理财对银行冲击的深层思考［J］．国际金融，2014，05：64－67.

［44］李武龙、许承志，金融支持企业自主创新政策的研究［J］．价格月刊，2008，（9）：50－52.